U0022497

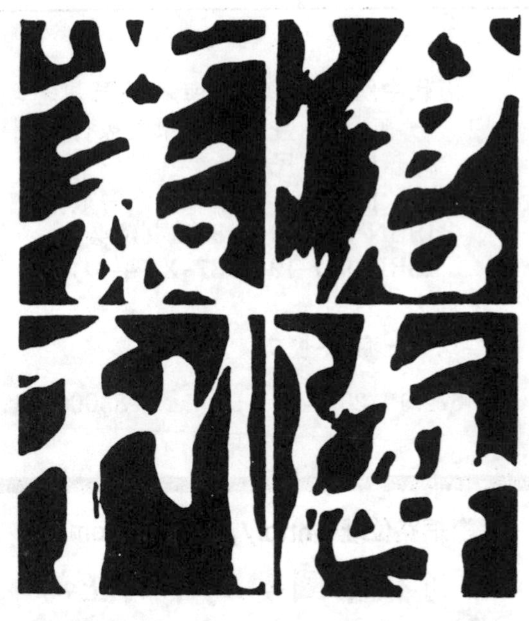

近代中國變局下的上海

陳三井 著　　東大圖書公司 印行

國家圖書館出版品預行編目資料

近代中國變局下的上海／陳三井著．
-- 初版．-- 臺北市：東大發行：三
民總經銷，民85
面；　　公分．--(滄海叢刊)
ISBN 957-19-1986-1 (精裝)
ISBN 957-19-1987-X (平裝)

1.上海市-歷史

672.19/201.2　　85006544

網際網路位址　http://Sanmin.com.tw

著作人　陳三井
發行人　劉仲文
著作財產權人　東大圖書股份有限公司
臺北市復興北路三八六號
發行所　東大圖書股份有限公司
地　址／臺北市復興北路三八六號
郵　撥／〇一〇七一七五──〇號
印刷所　東大圖書股份有限公司
總經銷　三民書局股份有限公司
門市部　復北店／臺北市復興北路三八六號
重南店／臺北市重慶南路一段六十一號
初　版　中華民國八十五年八月
編　號　E 62043
基本定價　肆　元
行政院新聞局登記證局版臺業字第〇一九七號

ISBN 957-19-1987-X (平裝)

自序

如果研究的課題，可以隨自己的興趣充分自由選擇的話，上海區域史的研究，並不是我的「最愛」，只不過是二十多年前一個偶然的機會，因為配合服務機關的十人集體計劃，在半推半就的情況下，陷入了研究上海近代化的「泥淖」。對我來說，「泥淖」主要來自兩方面：一是上海乃世界聞名的工業都會，是全國最大的港口城市暨產業基地，她的近代化起步最早，面相也最為錯綜複雜，加上有關上海的資料更是浩瀚如海，這真是一個吃力難以討好的工作；一是臺灣當時仍在戒嚴階段，尚未開放大陸探親旅遊，一個從未到過上海，無緣親眼目睹滬上繁華歷史勝景的研究工作者，無論如何賣力下功夫，總有隔靴搔癢的心虛感！因此之故，不成熟的初稿束之高閣一幌就是十多年，並不足為奇！

十幾年來，專著雖尚未問世，但因義務與需要，或多或少曾發表了數篇文章，從上海租界的設立到抗戰救亡的論述，特別是國史館闢有「中國現代史書評」計劃，也因緣際會撰寫了四篇大陸作者有關上海近著的書評，成績實在微不足道。既然如此，何以要「敝帚自珍」的付梓呢？這主要有兩層考慮：一是一九九五年十月我得緣首度「登陸」上海，看到有關上海研究各項成績十分輝煌而且欣欣向榮，對我起了很大的鼓舞作用，所以決定把過去的散篇零作稍加整理，除了藉以「共襄盛舉」外，也多少象徵自己將脫出「泥淖」的一種重新出發；一是發現所撰的幾篇書評，在大陸有頗為熱烈的反應，真正發揮了「以文會友」的效果，聊堪自慰。但這些作品的零星抽印本拿出去與人交流，既不方便也不夠莊重，所以就決定把它結集出版。

本書之所以能獲得出版，除了上述的主觀意願外，最重要的還是要感謝東大圖書董事長劉振強先生的厚愛，他對學術文化的真誠和執著，以及對學者的尊重態度，環顧國內外已不多見。我們當前所能做、所該做的，就是加倍努力，拿出更好的作品，對出版界做出更大的回饋！

陳三井謹識於

南港中央研究院近代史研究所

民國八十五年六月三十日

近代中國變局下的上海

目次

自序
壹　租界的設立與華人參政
一　上海法租界之設定及其反響……3
二　上海租界華人的參政運動——華董產生及增設之奮鬥過程……29
貳　辛亥革命
三　辛亥革命前後的上海……69

參　商人與政治
四　民初上海商人的現代化經營理念
——以棉業鉅子穆湘玥為例之討論……91
肆　抗戰救亡
五　抗戰初期上海對變局的肆應……127
伍　研究報導
六　光復以來臺灣地區的上海研究……167
陸　著作評介
七　評劉惠吾編《上海近代史（上）》……201
八　評徐鼎新、錢小明著《上海總商會史》……213

九　「海派文化」何時再領時代風騷？
——評張仲禮主編《近代上海城市研究》……237
十　評于醒民、唐繼無著《上海：近代化的早產兒》……257

壹　租界的設立與華人參政

一　上海法租界之設定及其反響

(一)引言

租界（Settlement, Concession）❶乃是十九世紀中葉西方列強侵略中國之產物，其意義不啻

❶ 租界一詞，外文有Concession與Settlement兩字，日人譯後者為居留地。根據國際法，租界指訂立永遠租約，將整個地段租與一租賃國。再由該國轉分租與外國僑民居住，該國向中國政府納總稅，而外僑又向領事署納稅。地契由該國領事發給並登記。界內由該國管理，常以該國領事為該地方行政長官。居留地則為雙方訂約，規定在通商口岸劃定界限，在該界限內容許訂約國人民租地居住。外僑租地係直接向華原業主商議，議成，請求中國地方官發給契據。外僑直接向中國政府納稅，而非向領事納稅，如上海之法租界是也。有關租界問題之討論，請參閱下列各書：徐公肅、丘瑾璋，《上海公共租界制度》，中央研究院社會科學研究所專刊第八號，民國二十一年；植田捷雄，《支那に於ける租界の研究》，巖松書店，

是「國中有國」、「權上有權」；換言之，「不啻於一國之內，另設一國」❷。租界的存在，不僅侵犯一國之行政、立法、司法等一切主權之行使，且於一國之政治、經濟、國防、文化各方面均構成重大之危害。由於外人在華設立租界的結果，於是中國「主權為所破壞，經濟為所榨取，文化為所荼毒」，因而陷入「支離破碎，顛蹶困乏，而無法自拔之境」❸，所以這是東方獨有，世界其他各國少有的特殊現象。

一般而言，西方帝國主義在十九世紀中葉以後之對外殖民擴張，主要不外兩種模式：一為「以強搏弱」型，即強國對其垂涎的特定目標使用武力，一舉或分次併吞之，而後納為保護國，法國之於突尼斯（Tunisie）、安南大體若是；為「蠶食瓜分」型，強國對幅員廣大，人口眾多，文化拒斥力較高之國家如中國者，自知難能一舉征服或分次吞併，唯有經由通商途徑或財政手段，先攫取利權，再劃定勢力範圍，終而達成其瓜分蠶食的目的。

中國自來嚴華夏與夷狄之分，向持「非我族類，其心必異」態度，雖因戰爭失利，條約所迫，

昭和十六年；Hsia Ching; lin, *The Status of Shanghai*, Shanghai, 1929; Jean Escarra, *Le Regime des Concessions étrangères en Chine*, Recueil des Cours, 1929. II. Tome 27, Academie de Droit International, Paris, Hachette, 1930.

❷ 徐公肅等，《上海公共租界制度》，頁二五七。

❸ 葛嗚一，《租界問題之研究》，外交部亞洲司研究室叢書，民國二十九年十二月出版，頁一。

不得不接納外人來華居住，但鑒於「中外民情扞格，風俗習慣等種種不同，並不願華洋雜居」，為期彼此相安無事以及管理方便起見，甚至贊成外人劃界而住。此種例子，中國歷史上早已有之，如唐宋之「番坊」、「番巷」，清嘉慶年間廣東所謂「商館」、「夷館」（Factories）均是❹。

上海開埠後，則由地方官與外國領事劃定地段，專供外人居住或通商之用。故這種近代形式的租界之創設始於上海，起於英人，嗣法、美兩國接踵而至，徇同樣之要求。上海由於地位適中，在華外國一切勢力莫不以此為階梯，故成為租界中之佼佼者。道光二十八年（一八四八）一月，法國第一任上海領事敏體尼（de Montigny）到任，一八四九年四月六日與滬道麟桂劃定法租界，法國在華第一個租界於焉在上海誕生！

(二)租界的法理依據

清廷因鴉片戰爭失利，於道光二十二年（一八四二）與英國訂立南京條約，該約第二條有云：

自今以後，大皇帝恩准英國人民，帶同所屬家眷寄居大清沿海之廣州、福州、廈門、寧波、上海等五處港口，貿易通商無礙。大英君主派設領事管事等官住該五處城邑，專理商賈事

❹ 植田捷雄，《支那に於ける租界の研究》，頁一〇—四三。

宜，與各該地方官公文往來，令英人按照下條開敘之例，清楚交納貨稅鈔餉等費。❺

根據此款，中國僅承認英人在上海等五口有貿易通商、居住之權，似尚未涉及構成租界或居留地之任何條件。租界的最早條約依據，可追溯至一八四三年十月八日的中英虎門附加條約（又名善後事宜清冊附黏和約，英文名為 Supplementary Treaty of October 8th 1843），其第七款並規定：

在萬年和約內，言明允准英人攜眷赴廣州、廈門、寧波、上海、福州五港口居住，不相欺侮，不加拘制。但中華地方官必須與英國管事官各就地方民情，議於何地方，用何房屋或基地，係准英人租賃。其租價必照五港口之現在所值高低為準，務求平允。華民不許勒索，英商不許強租，英國管事官每年以英人或建築房屋若干間，或租屋若干所，通報地方官，轉報立案。惟房屋之增減，視乎商人之多寡，而商人之多寡視乎貿易之衰旺，難以預定額數。❻

❺《道光朝夷務始末》，卷五十九，頁四三。

❻徐公肅等，《上海公共租界制度》，頁三。

據此，英人可經由其領事會同中國地方官，選定租屋或建造房屋、商棧之地點。此一條款後來逐漸演變為最惠國條款之一，為中美望廈條約及中法黃埔條約所引用。道光二十四年（一八四四）十月二十四日訂立之黃埔條約，其第二款云：

自今以後，凡佛蘭西人家眷，可帶往中國之廣州、廈門、福州、寧波、上海五口市埠地方居住、貿易，平安無礙。

又其第二十二款云：

凡佛蘭西人按照第二款至五口地方居住，無論人數多寡，聽其租賃房屋及行棧貯貨或租地自行建屋建行。佛蘭西人宜居住宜建造之地，凡地租房租多寡之處，彼此在事人務須按照地方價值定議。❼

依此，法人遂不費一兵不折一矢，即取得與英人相同之利權。約中明白規定，法人可以在五口地方租地建屋建行，實已隱含租界之實質矣！

❼《道光朝夷務始末》，卷七十三，頁六及頁一三。

在南京條約訂定前，法國已有派遣特使東來與中國加強關係之意，法國輿論與全國各地商會對此亦均竭力鼓吹倡導❽。及剌萼尼（M.G.de Lagrene）特使奉法王之命東來，據外長基佐（Francois Guizot）之訓令，其主要任務除開與清廷締結一項與南京條約相等利權之約外，並意欲在遠東尋覓一海口，俾建立一海軍基地與商務轉口站❾，以與英國在遠東勢力作一競爭。前一任務已圓滿達成，至海軍補給站法國屬意舟山，法艦屢次占領舟山之企圖，則顯然遭到失敗！

五口之中，剌萼尼認為上海是新開四港中唯一可與廣州相頡頏之港口，其地位較福州、廈門、寧波為優。因為「法國產品適用於廣州者，同樣適用於上海，而上海的生絲與綠茶均較廣州為廉」❿。此外，廣州民性強悍，因外人進城問題可謂一波未平，一波又起，西人認為江浙一帶民性較溫和，通商貿易阻力可能較小，這也是西方各國將眼光由廣州逐漸移向上海的原因之一。

(三)法國首任上海領事

法國駐上海首任領事敏體尼（Louis-Charles-Nicolas-Maximilien de Montigny）雖非職業外交官

❽ 方豪，《中國近代外交史(一)》（中華文化出版事業委員會，民國四十四年八月），頁七八。

❾ Charles Lavollée, *France et Chine*, 1900, Paris, pp. 13–14. Instructions Complémentaires de M. Guizot.

❿ Ch. B. Maybon et Jean Fredet, *Histoire de la Concession Française de Changhai*, 1929, Paris, p. 11.

出身，但其一生多采多姿，與中國關係亦極密切，故其生平與性格均有略加介紹之必要，以助瞭解。

一八〇五年敏體尼生於德國漢堡（Hambourg），父母原籍法國布列丹低地（Basse-Bretagne），其後始移民前往德國。一八二五年，敏氏以弱冠之年，為響應詩人拜倫（George Gordon Byron, 1788–1824）與作家雨果（Victor Hugo,1802-1885）於拿破崙時代所鼓吹之希臘獨立運動，毅然投筆從戎，並因作戰勇敢，迅即擢升為尉官。一八三〇年，成為法國援希臘獨立運動名將法維葉（Fabvier, 1782–1855）之重要輔弼。不久，敏體尼轉入海軍，因得昔日上司之保薦，改調至巴黎服務。惟敏體尼夢寐所求者，為富於變化之動態人生，而非在海軍部案牘勞形之刻板工作。故平心而論，他對這一段時期的單調生活頗覺悶悶不樂[11]。

英人因鴉片戰爭而敲開中國門戶後，一八四三年法國亦決定派遣一特使團前來中國。團長剌萼尼曾任駐雅典大使，於希臘革命深表同情，與敏體尼亦有一面之識。由於剌萼尼的推薦，敏體尼遂離開海軍部轉往外交部工作，並以三等隨員（troisième attaché）名義，加入特使團擔任主事（Chancelier）。在這次漫長的航行中，敏體尼任事的卓越表現，深得團長之器重，且朝夕相處的結果，情感日益增進。有了這層特殊機緣，敏體尼後來遂得剌萼尼的舉薦，出當首任法國駐上海領事，正式開始其外交生涯[12]。

[11] Ibid., p. 17.

敏體尼身材高大健碩，相貌聰明，富有毅力，具活潑性質，凡與他接觸交往者莫不留有深刻印象，惟性格略嫌粗暴。曾擔任中國海面巡弋的「卡西尼」(Cassini) 號艦長德布拉斯 (Fr. de Plas)，在其日記裡對敏體尼有如下描繪：

> 今晨得識法國駐上海領事敏體尼君，其人態度開朗、果斷，令人產生好感。
>
> 敏體尼君很具魅力，雖然他不自知。
>
> 他處事敏捷，且具備足以承擔一切考驗之驚人耐力；他的豪邁熱情，出奇冷靜，所有他能夠嘗試的，他都以一個善良法國人的立場嘗試了。⓭

敏體尼的優點，在德布拉斯艦長的日記中表露無遺。

在梅朋 (Ch. B. Maybon) 筆下，敏體尼是一位忠心愛國，富正義感，充滿慈悲心腸，而又勇敢過人的傳奇性人物。在領事任內，敏體尼曾慷慨解囊，救飢解溺，並義釋竊賊，甚至助以盤纏而去，這是他樂善好施，慈悲為懷的一面。除上海領事外，敏體尼又兼寧波領事，常由水路或陸路前往寧波巡視處理事務。一次，他在途中遭遇搶劫民船的海盜，曾開槍將之擊退。又有一次，

⓬ Ibid.

⓭ Ibid., p. 18.

其座船因機件故障而停泊一小埠，鄉民聞訊群集而至，對他怒目而視，他則雙槍在握，腳不發抖地與對方僵持達兩小時之久⑭，充分表現出軍人大無畏的本色。

法國漢學家高第（Henri Cordier, 1849-1924）對敏體尼有一段評論，雖稍嫌苛刻，但不失其中肯。他這樣寫道：

> 敏體尼擁有多數軍人的熱誠和青年人的魯莽與狂熱。若說他的熱忱與勇敢是其事業成功的因素，則其性格的粗獷，行為的粗魯，對長官的不馴，對訓令的不遵，無疑是他在完成外交任務上枝節橫生，使自己常居於錯誤立場的致命傷。因職責所在與愛國情操所揉合產生的創業精神，固有助於海外擴張事業，但如操之過急，壓迫過甚，加上原有之缺陷，則將變成一種危險，使他成為無論在何處均無法完成使命的外交人員。⑮

敏體尼追隨刺萼尼特使團來華完成任務，於一八四六年回法國後，曾應農商部之請，出版有關中國與安南的商務報告⑯，這也是巴黎當局選擇他出任法國第一任駐上海領事的原因之一。此

---

⑭ Ibid., pp. 19–20.

⑮ Henri Cordier, *La Politique Coloniale de la France au Début du Second Empire*, Indo-Chine, 1852–1858, Extrait du "Toung-Pao" (Liede, 1911), Vol. X–XII, pp. 34–35.

外，他膽識與精力過人，且具創業精神，這也許正是巴黎當局顧慮到在中國開展局面的困難，所以破格起用這位非職業外交官擔當艱鉅的一項理由。敏體尼正因不是科班外交官出身，欠缺一位理想外交官所應具備的冷靜、謹慎、謙恭等條件⓱，在外交談判上較少講究靈活、柔和與彈性，這是其最大缺點，此於日後與中國地方當局的交涉中表露無遺。

(四)敏體尼與滬道之交涉

一八四七年五月廿日，敏體尼自法國勒哈佛（Le Harve）港出發，經八個月之漫長航行，終於一八四八年正月廿五日偕同家眷抵達上海。由於途中耽擱過久，不及在澳門等待與法國第一任駐華全權公使陸音（de Forth-Rouen）見面，面受給中國當局的到任證書，即迫不及待地走馬上任⓲。

敏體尼一行初抵上海，暫住於英租界一旅舍，頗受英領事巴爾福（Cap. George Balfour）之禮

⓰ John F. Cady, *The Roots of French Imperialism in Eastern Asia* (1954, Cornell University Press), p. 80.

⓱ Harold Nicolson, *Diplomacy* (Second Edition, Oxford, 1950), pp. 105–126; Encyclopaedia Britanica, Vol. 7. pp. 407–408.

⓲ *Histoire de la Concession Française de Changhai*, p. 24.

遇與照顧，凡有拜會中國官廳之事，悉由英領事引見。前此不久，美代理領事吳利國（H. G. Walcott）與英領事間曾發生懸掛美旗之不愉快糾紛，有此前車之鑑，敏體尼為避免與其英國同僚再發生類似之糾紛，遂萌生法領事獨立之念！兩天之後，敏體尼即與天主教神父趙方濟（Maresca）簽訂租約，在上海縣城與英租界之間的地段內，以年租四百元租賃一棟房屋，做為領事館址。據敏體尼事後報告法國公使謂：「房子雖小，但如覺在法國！」（C'est petit; mais j'y serai en France!）⑲

敏體尼上任最初數月，所處理者多為教會事務。不久，第一位抵達上海的法國商人始予敏體尼表現的機會。此商人名叫雷米（D. Remi）⑳，時年三十二歲。他一到上海，即於一八四八年七月末函呈領事署，要求租地，其內容如下：

領事先生：

我極盼在你治下，租些地面，起造商行，所以特請求你的恩准：我可以向地主接洽；並祈求透過你與中國官廳的交涉，得以克服我所預計的阻力，而得到合於情理的條件。我所需

⑲ Ibid, p. 25.

⑳ 雷米於一八一六年十一月一日在法國中部的伊蘇丹（Issoudun）出生，在廣東居住六年之後，於一八四八年到上海從事鐘錶和酒的小買賣。一八六二年與上海法國領事之女兒結婚。此後即冠以妻姓，而成為Remi de Montigny。參閱吳圳義，《清末上海租界社會》（文史哲出版社，民國六十七年），頁八八。

要之地是在北達洋涇濱，西至森林工場之處，至於東南兩方，我尚不能切實指定，但依我的希望，總以沿著河濱，伸張得愈遠愈好！[21]

法領事敏體尼據呈即向滬道行文，正式照會說：

大法蘭西國領事敏體尼為照會事：按據中法永遠友睦通商條約第二十二條，凡法蘭西人至五口地方居住，無論人數多寡，聽其租賃房屋及行棧貯貨，或租地自行建屋建行；法蘭西人亦一體可以建造禮拜堂、醫人院、周急院、學房、墳地各項。地方官會同領事官酌議定法蘭西人宜居住宜建造之地。凡地房租多寡之處，彼此在事人，務須按照地方價值定議，中國官阻止內地民人高抬租值，法蘭西領事官亦謹防本國人強壓迫受租值。在五口地方，凡法蘭西人房屋間數，地段寬廣，不必議立限制，俾法蘭西人相宜獲益，……等語。

今本大法國領事官，因據屬民呈請租地之要求，並據上述條約之規定，所以曾研究過應借的地點；此地點本領事已選得在洋涇濱的右岸，由城邊鄉村起，一直至將來所需要的地點止。因此本領事請求貴道臺，照著別國人的同樣待遇，即便指定上海法租界的範圍，並派

[21] 董樞，〈搖籃中的法租界〉，《上海通志館期刊》，創刊號，頁八二—八三。

公證人為法商雷米洋行，估定其所要購的地皮的價值。請你即便派人會同雷米氏前往察看地方，劃定四界。夏末的時候，是唯一宜於營造的季節，今此季節轉瞬將屆，因此請貴道臺即速發令，以免廢時失事！㉒

這是敏體尼代表法國，向中國地方當局正式提出之劃界要求。雷米之來到上海，乃至租地申請之提出，是否出於法領事之授意，限於資料不敢妄加揣測。敏體尼所看中之地段，據其觀察具有以下幾項優點：(1)交通方便——三面環水，東面是黃浦江，北面是洋涇濱，南面是城河濱，兼有航運與貨運之利；(2)毗鄰縣城——商業中心所在的中國城即在鄰近。許久以來，上海的繁榮漸趨有利於英租界，但商業中心仍在城內，所以依敏氏之意，傍著城邊，立下租界，便是很妙的手段了。此外，敏體尼懷疑第三國也有同樣的計劃，故必須趕快行動，先下手為強㉓。

敏體尼一面積極採取行動，一面將情形報告在廣東的公使，並以樂觀的口吻補充說：「此事當不會招致任何困難，在幾天之內我希望有兩家法國公司在中國北邊（指上海）；巴克公司(Maison Bac)與阿紅內公司(Aroné et Cie)都同樣向我表示過在法租界設立機構的願望。」㉔

㉒ 同㉑，頁八三。

㉓ *Histoire de la Concession Française de Changhai*, p. 28.

㉔ Ibid.

但敏體尼的樂觀想法很快面臨考驗，一切未免言之過早。

此時上海道臺係吳健彰，他是廣東人，買辦出身，由捐納致官，略通洋涇濱英語，或許這個緣故，對英美人感情尚好，獨不喜法國人，所以對敏體尼的照會置之不理。敏氏久候無消息，乃於八月十七日向道臺致送強硬的通牒。恰在此時，上海道臺易人，由旗人麟桂繼任。吳健彰於卸任前，即八月廿六日交接當天，特通知敏體尼謂，可以在英租界內劃出一塊土地予法國，但須先取得英領事之同意。這是道臺所玩的「一石兩鳥」計策，一方面佈下陷阱，希望法領事與英領事為此齟齬；一方面也無異予繼任者增添困擾㉕。

敏體尼洞悉吳健彰的用心後，立刻提出抗議，指責吳道臺違背條約，因為法國乃是向中國，而非向英國要求劃界，故其後果應由吳某自負，措詞相當強硬。據敏體尼事後寫給朋友的信中說：「與中國談判，就應該敢於要求。」㉖可見這位軍人出身的外交官仍不脫軍人本色。

新道臺麟桂係旗人，科甲出身，生得身材高大，態度威嚴。或由於青浦事件㉗給予清朝官吏的創痛猶新，又當英領事阿禮國（R. Alcock）壓迫麟桂擴充英租界事剛過不久，所以他的態度比較友善。麟桂一到任，法領事即重申前議。雖然官廳易於屈服，但民氣卻不易對付。此時雷米所

㉕ Ibid., p. 29.

㉖ Ibid., p. 31.

㉗ 一八四八年三月八日，英教士麥都思（W. H. Medhurst）等三人，在江蘇青浦被漕船水手所毆傷。

要租的地皮，地主卻漫天要價起來。按此地皮面積約有十二畝，地上除建有四十六間平房，一百個墳墓外，尚有六、七顆矮樹與兩處毛廁。十二畝地分屬十二家不同地主，他們每畝地索價三百兩，每間房子要賣一百兩，每座墳墓另加五十兩，矮樹共值二百兩，兩個毛坑開價四百兩[28]。

敏體尼一看價目，從前八十吊錢一畝的地皮，現在居然索價三百兩，因此大為激動，乃引用通商條約第二十二條，向麟桂抗議說：

> 凡地租房租多寡之處，彼此在事人務須按照地方價值定議；中國官廳應阻止內地民人高抬租值。……[29]

價錢一經討論，倏忽已到了十二月。某日，道臺衙門派出一位委員向法領事署表示，中國地主一齊不肯出租。敏體尼一聽，極為生氣，乃以威脅口吻要來人轉告道臺說：「我已經無法再等待了。……因此要求　貴道臺，早日了結這一冗長而討厭的事件；請他在一星期內即出具一張關於租界問題的告示，並下令給有關地主，飭其照我所定的公道價格出租。」[30]

---

[28] *Histoire de la Concession Française de Changhai*, pp. 31–32.

[29] Ibid., p. 32.

[30] Ibid.

麟道臺經此強硬抗議，只得屈服讓步。歷經八個月曲折而漫長的談判交涉，法國終於如願以償。一八四九年四月六日，雙方達成協議，其內容如下：

監督江南海關兼管銅務分巡蘇松太兵備道加五級紀錄八次麟，為曉諭事：照得上海與大法國通商，昨准領事府敏，以道光二十四年九月經 欽差大臣兩廣總督部堂耆等會同欽差大臣

大法國永遠友睦通商，奉兩大國

上諭允准和約，內載：凡法蘭西人按照第二十二條至五口地方居住，無論人數多寡，聽其租賃房屋及行棧貯貨，或租地自行建屋建行；法蘭西人亦一體可以建造禮拜堂、醫人院、周急院、學房、墳地各項。地方官會同領事官酌議定法蘭西人宜居住宜建造之地。凡地租房租多寡之處，彼此在事人，務須按照地方價值定議。中國官阻止內地民人高抬租值，法蘭西領事官亦謹防本國人強壓迫受租值。在五口地方，凡法蘭西人房屋間數，地段寬廣，不必議立限制，俾法蘭西人相宜獲益。倘有中國人將法蘭西人禮拜堂、墳地觸犯毀壞，地方官照例嚴拘重懲等語，久經各國遵行在案。今法國人尚無租住之地，應即會勘等因；隨經本道會同 法國領事府敏，勘定上海北門外，南至城河，北至洋涇濱，西至關帝廟周家橋，東至廣東潮州會館沿河至洋涇濱東角，注明界址。倘若地方不夠，日後再議別地，隨

至隨議；其所議界內也，憑
領事府隨時按照民價議租，謹防本國人強壓迫受租值；如若內地人民違約昂價，不照中國
時價，憑
領事官向地方官，飭令該民人等，遵行和約前錄之條款。至各國人如願在界內租地者，應
向該國領事商明辦理。毋違，特示。
道光二十九年三月十四日示㉛

此一告示，無異是上海法租界的大憲章，同時也是法界誕生的正式證明書。

(五)美英之敵視態度

一八四九年四月六日法國領事敏體尼與上海道臺麟桂所達成之協議，除劃定法租界範圍外，亦有外人在租界租地必須得到法國領事允許的規定，此為法人師英人故智，亦欲獨掌租界治權之法。美國駐上海領事桂若華 (John N. A. Griswold) 對此不表同意，首先發難，四月十一日致書上海道臺抗議，其所持理由如下：

㉛ Ibid., pp. 33–34；董樞，〈搖籃中的法租界〉，前引雜誌，頁八八－八九。

(1)條約中並未賦予任何外國代表作此要求之權利；

(2)條約中亦未賦予中國道臺給予某一國家以某一特別區域，而排除他國人民之義務，除非先獲得該國領事之同意；

(3)前任上海道臺曾將法租界之地皮許給美國公民，因美代理領事吳利國未進一步交涉而宣告放棄。㉜

美領事所持之立場為「美國對中外人民如此授受土地，不問其他各國人民之需要，而預先造成某國之民之優先購置權，礙難忍受。且本領事亦決不承認此項原則：即地方當局得利用所謂租界之工具，對於無人居住之地區有最高權利，因而拒絕排除一切困難，不使美國國民處於平等地位」㉝。

桂若華以吳健彰任內曾應允將此一塊地皮租給美人之未成事實做為抗議藉口，顯然不生效力。按美國所簽訂之望廈條約中亦有租地之權，希望在上海成立租界，但因第一任代理領事吳利國久久無法選定地段，亦未積極進行交涉，以致拖延無成，美國商人、傳教士只得卜居於英租界，或群集於中國地段，亦即未來的法租界一帶。

美國主要反對「利權獨享原則」(The principle of exclusive privileges and exclusive rights)，不

㉜ Tyler Dennett, *Americans in Eastern Asia*(New York, 1922), p. 198.

㉝ 陳堯聖，〈上海公共租界之源起〉，《文史雜誌》，一卷三期，頁二六。

贊成中國土地分配給某一國家，而自身國民受其管轄。美國的態度是「門戶開放」與「利益均霑」之延伸，非為中國主權的獨立或領土的完整而捍衛。事實亦極明顯，如果在上海有五十個外國領事，每位領事均援例企圖獲得像英租界那麼大之地皮，則上海地皮豈夠分配？若各國於廣東、廈門、福州、寧波等處亦如法泡製，則其結果又將如何？這種給予外國領事有「獨占性的司法裁判特權」的情形，在歐洲任何國家是絕不允許的[34]。

從「外人在五口應有自由租屋賃地、建築之權」這個觀點看，美領事之抗議是理直氣壯的，而且有其歷史根據。美租界雖遲至一八六三年始告確立，但美商卻於上海開港後，立即接踵而來。當美商抵滬時，英租界業已成立，為求獲得安全與秩序以及歐洲之生活方式起見，美人遂不得不留居於英租界內，惟美人殊不滿意一八四五年土地章程所賦予上海英國當局之獨占統治權。美人以為土地章程顯與中美望廈條約中國所賦予美國之權利衝突，美國駐滬當局常對英租界內英當局之管轄美僑表示憤慨之抗議[35]。

桂若華除向上海道臺抗議外，並報告美駐澳門全權代表德威仕（John U. Davis）說：

如果我們現在承認這種（土地與特權）授受原則，而且提出同樣之要求，勢將造成一種對

㉞ *Chinese Repository*, Vol. XVIII, 1849, p. 333.

㉟ 陳堯聖，前引文，頁二三。

美國十分不利的地位，即大多數前來中國的我們同胞很快將發現，人們與自己同胞聚居在一起，是合乎他們利益的；因此他們將卜居於英法租界內，如此固可使我們獲得一些小利益，但將使我們受制於中國地方當局與外國代表（權力），這對我們商業的目的極不合適。㊱

由上述可知，美領事深恐英法租界相繼一設立，美人為求獲得安全與秩序，為貪圖眼前的方便與利益，必寧可選居於現成的英法租界內，如此美人將永遠依附於他人，美國領事也將形同虛設矣！

德威仕於收到報告後，立即向兩廣總督徐廣縉提出抗議，略謂法在上海租界違反「中美望廈條約」第十七條，允許美人在五口「租賃民房或租地自行建樓」之規定。

徐廣縉的作風與其前任耆英、黃恩彤迥異，對夷人採取強硬態度，對美全權代表之到任取有意之冷淡，旨在「稍挫其驕縱之氣㊲。」這時徐氏正為廣州進城問題苦思焦慮，對上海之事無暇過問，也不願多所過問。但他對德威仕的抗議應付得體，一方面承認上海道臺無權做這種讓予，一方面勸美國大可不必為此爭論，因為美國可另覓適當地皮，不一定要在英法租界中打主意。德

㊱ *Americans in Eastern Asia*, p. 198.

㊲《道光朝夷務始末》，卷七十九，頁二六。

威仕見好即收，點到即止，故回答粵督，此事容後再商㊳。

英國是第一個敲開中國門戶的國家，雖曾公開宣言「英國對華之最大目的，乃在使中國全國均應有各國僑民自由居住，至於中國之港口與城市，尤應毫無保留加以開放，允許各國通商」㊴，於法美兩國之繼起取得相同權益，沒有公開阻撓，但基於排他與競爭原則，實對法租界之設立不表歡迎。當美領事對法租界之界定提出抗議時，英領事亦站在同一陣線上，並佈告其本國公民，將以全力維護英美國旗所到之處的利益。法國的行動，不過是英國的翻版，現在英國與美國沆瀣一氣，不僅自失立場，而且態度可謂前後極端矛盾㊵。

中國地方當局最初反對設立租界，以為出賣土地有違國法，後乃改賣絕為永租。及美法爭執一起，上海道臺持幸災樂禍心理，希望此一件已達成協議之事，再生枝節，終而變卦。不過，上海道臺的希望，最後沒有成為事實。

（六）法國政府與民間之反應

㊳ *Americans in Eastern Asia*, pp. 199–200.

㊴ 陳堯聖，前引文，頁三〇。

㊵ 李定一，《中美早期外交史》（傳記文學出版社，民國六十七年五月），頁二一九。

交部說：敏體尼曾謂，與中國人交涉，應該敢作敢為，才有力量。他曾在一八四九年寫信報告法國外

中國官是三年一任的，官多是用錢買來的，所以他們便使盡聚斂方法，以求翻本；他們只擔心一件事，就是攪出亂子，給政府難堪，終於釀成他們被革職的理由。因此當人家攻擊他本人，尤其當人家要拖著他，要使他們負責的時候，他們便常肯屈己從人了。㊶

敏體尼的成功，或許正因為他洞悉中國官僚心理的緣故；但在成功的同時，也暴露出他的弱點。當法領事收到桂若華的抗議後，即於翌日（四月十二日）將抗議書拷貝轉呈法國公使陸音，並報告有關交涉之經過。陸音是個深識大體的人，他瞭解英法在華有共同的利益，英如失敗，法亦將蒙不利㊷。對於上海租界這樣重大的事件，事先沒有徵求他的同意，陸音並不隱瞞他的不滿，但為了法國利益起見，不得不支持敏體尼。法租界的交涉可以說完全出自敏體尼一人的創意，陸音所責備的也就是這種逾越本份的先斬後奏。惟敏體尼辯稱，他的個性和本意並不是那種喜歡僭越的人，只是上海與公使所在的澳門之間距離迢遠，交通不便，聯絡曠日費時，以致遇有緊急情

㊶ 董樞，〈搖籃中的法租界〉，前引雜誌，頁九〇。
㊷ 郭廷以，《近代中國史事日誌》，第一冊，頁一五三。

事無法隨時請示，遂難獲意見之充分協調。又以當時情況而言，美國與比利時均同時覬覦這塊地皮，法國若不先下手，便將失之交臂㊸。

美領事抗議法國劃界事，若處理不得體，極易引起兩國邦交之不睦。唯卜居澳門的美國全權代表德威仕雖支持其領事之抗議，卻不急於表示個人的意見。直至六月十八日，德威仕始照會陸音說，美國當局絕無故尋法國租界麻煩之意，也絕不反對法國在中國之利權，桂領事所抗議者僅是租界中之一般原則㊹。由此照會顯示，美國並無擴大事態之意。

美國之抗議，對法國而言，自是一項遺憾！惟事情演變結果，美領事的抗議有如石沉大海，並無下文，因為巴黎與華盛頓當局均願聽任事情不了了之。及一八六三年美領事與上海道臺劃定美租界之際，美法之不愉快事件早已成過去。

上海法租界設定後，迅速獲得法國傳教士之支持，即刻動工興建唐家渡教堂與徐家匯房子。但法國商人並未蒙受其利，因為當時正逢法國本土生絲發現傳染病，外銷減退之際。所以法租界雖於一八四九年即告設立，但截至一八五〇年初為止，全上海的法國人總共只有寥寥可數的十人，即敏體尼領事一家五人（包括其母親、太太、兩個女兒）、領事館翻譯克利克高斯基 (Michel-Alexandre, Comte Kleczkowski)，以及雷米所開的一家錶店和他所僱請的兩個職員，還有一位住在

㊸ 董樞，前引文，頁九一。

㊹ *Histoire de la Concession Française de Changhai*, p. 38.

英租界的商人㊺。所以嚴格而言，只是一個領事館，一家商舖而已，在商務上談不上什麼發展。耆英曾言：「惟佛蘭西本不以通商為重，貨船來粵，歲不過一、二隻，其情形與米（美）夷迥異，駕馭之難，較米夷實不啻倍蓰。」㊻不止廣東的情形如此，開埠初期上海的情形亦復如此。

(七)結語

綜上所述，大致可得以下幾點觀察，作為本文之結束：

(1)上海法租界的設立，並非法國政府事先有計劃之安排，亦即並不包含在巴黎外交當局的訓令之內，而毋寧是敏體尼領事到任之後審情度勢，奮鬥得來的一種創獲。

(2)從上海法租界的設立，至少可以得到一點印證，那就是早期法國在遠東的殖民動機，毋寧政治的目的多於商務經濟利益的考慮，至少尚未到達以商務力量推動政治的地步。

(3)上海法租界的設定，除傳教勢力外，為法國在中國提供一個可以擴充其影響力的最佳據點，一方面它成為法國與英美等列強角逐的場所，另一方面它亦直接間接地與中國本土的治亂發生密切的關係。例如太平軍之亂、庚子拳亂、蘇報案、辛亥革命等，上海法租界均扮演了舉足輕重的

㊺ Ibid., p. 39.

㊻《道光朝夷務始末》，卷七十二，頁一八。

角色。可見，上海法租界的設立在中國近代史上實佔有重要的一頁。

（原載《中國歷史學會史學集刊》，第十四期，民國七十一年五月）

二 上海租界華人的參政運動

——華董產生及增設之奮鬥過程

(一)前言

租界乃是十九世紀中葉西方列強侵略中國的產物，其意義不啻是「國中有國」、「權上有權」；換言之，「不啻於一國之內，另設一國」❶。租界的設立，不僅妨害中國主權之存在，抑且影響中國主權之行使，其道理是很明顯的。

中國自來嚴華夏與夷狄之分，向持「非我族類，其心必異」的態度，雖因對外戰爭失利，係約所迫，不得不接納外人來華居住，但鑒於「中外民情扞格，風俗習慣等種種不同，並不願華洋雜居」，為期彼此相安無事以及管理方便起見，甚至贊成外人劃界而住❷。

❶ 徐公肅、丘瑾璋，《上海公共租界制度》，中央研究院社會科學研究所專刊，第八號，民國二十一年，頁二五七。

上海開埠不久，上海道臺宮慕久於道光二十五年（一八四五）公布英租界地皮章程，創立華洋分居的制度，容許西人從事簡單的市政設施，但同時除了華官得干預界內行政外，第十三條並明白規定，關於估定房價、地租等事，「須由華官與領事會同，遴派中英正直人士四、五名」辦理❸。可見當初地方當局與華人並未放棄對租界事務的管理。其後因小刀會與太平天國相繼興亂，華人大量移居租界，公共租界設立「工部局」（Municipal Council），法租界設立「公董局」（Conseil des Municipalités），陸續獨攬權利，將華人排除，侵奪華官對於租界土地、人民的主權行使，形成所謂「國中之國」的狀態，雖然仍是華洋雜居，但已演變成華人有向租界當局納稅之義務，卻無代表出席「工部局」或「公董局」的尷尬地位。

論華人在租界內的參政運動，牽涉範圍甚廣，但主要仍以爭取「工部局」與「公董局」之設立華董為其鵠的。華董的增設，關係整個參政運動的成敗。故本文之研究，即以上海公共租界與法租界的設立華董為主，時間則始自開埠後不久直至一九三〇年代為止。

---

❷ 陳三井，〈租界與中國革命〉，收入《中國現代史專題研究報告》，第二輯（中華民國史料研究中心編印，民國六十一年八月），頁二二五。

❸ 蒯世勛，〈上海公共租界的發端〉，《上海通志館期刊》，創刊號（民國二十二年六月），頁五八。

(二)上海租界華人地位

上海華人在租界地位的變遷，影響力的消長，乃至他們爭取參政權的努力，可視為上海政治近代化的一環。在沒有談及華人參政運動之前，先略為說明華人在租界中的地位情形，實有其必要。

1人口比例

上海租界的人口可分為洋人和華人兩部分。自上海開埠後，外人來華經商貿易者漸多，更由於英租界與法租界的相繼設立，形成華洋雜處的情況。其後，因小刀會與太平天國之亂的關係，華人大批湧進租界，造成租界人口以華人居優勢的現象。

自一八六五年起，當洪楊之亂所引起的難民潮逐漸和緩時，公共租界和法租界開始五年一次的人口調查。這些調查結果散見於領事的報告和租界的兩份報紙——《北華捷報》(*North-China Herald*)和《中法新彙報》(*L'Echo de Chine*)上❹。

茲將租界華人與外人比例列表如下：

---

❹ 吳圳義，《清末上海租界社會》（臺北，文史哲出版社，民國六十七年四月），頁一。

(1)法租界

年別	華人總數	外人總數
一八六五	五五四六五	四六〇
一九〇〇		六二二
一九〇五	九六一三二	八三一
一九三〇	四三四八八五	一二三三五

資料來源：吳圳義，《清末上海租界社會》

Maybon, *Histoire de la Concession Française de Changhai*

(2)公共租界

年別	華人總數	外人總數
一八六五	七七一一七	五一二九
一九〇〇	三四五二七六	六七七四
一九一〇	四八八〇〇五	一三四三六
一九一五		一八五一九
一九三〇	九七一三九七	三六四七一

資料來源：吳圳義，《清末上海租界社會》

徐公肅等，《上海公共租界制度》

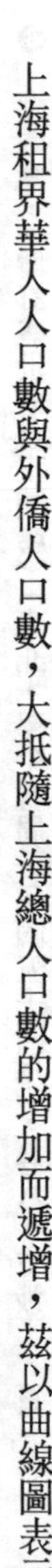
上海租界華人人口數與外僑人口數，大抵隨上海總人口數的增加而遞增，茲以曲線圖表示如下：

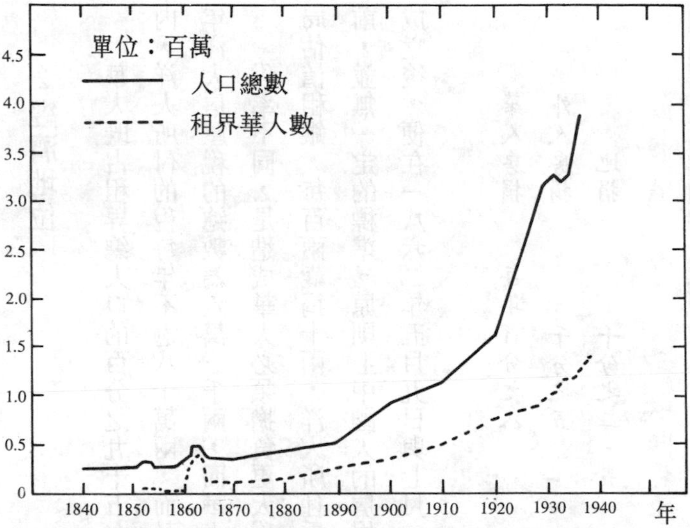

單位：百萬
人口總數
租界華人數

圖一：租界華人增加曲線圖
資料來源：R. Murphey, *Shanghai, key to Modern China*, P.22.

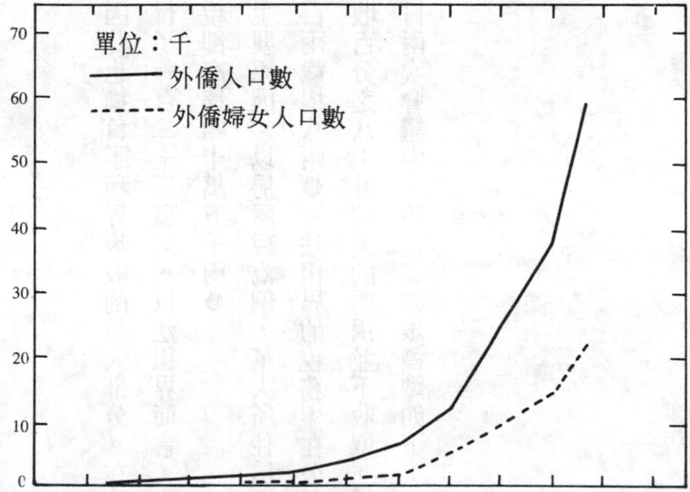

單位：千
外僑人口數
外僑婦女人口數

圖二：租界外人增加曲線圖
資料來源：R. Murphey, *Shanghai, key to Modern China*, p.23.

2 經濟地位

華人既占租界總人口的百分之九十五左右，因此也擔負了租界稅收的最大部分。在公共租界內，洋人所付的稅每年不過八十萬兩，而華人卻付了一百二十五萬兩。以法租界而言，一八九五年洋人房屋稅的總數為六萬五千兩，而華人房屋稅卻高達四十萬五千兩❺。

稅率不同，是造成華人必須擔負更大稅收的主要原因。以房屋稅為例，華人所住房屋，工部局估值租銀，每百兩歲捐十兩，洋人所住房屋每百兩歲捐八兩❻。法租界的稅務，在公董局成立前，並無一定的標準。原則上中國人的房捐，抽收百分之八；外國人的房捐並不收取。迨公董局成立後，便在一八六二年五月九日與七月二十五日兩次會議中，決定了初步標準如下：

華人房捐	每年百分之八
外人房捐	千分之五
地捐	千分之二・五

❺ 吳圳義，前引書，頁一五。

❻ 鄭觀應，《增訂盛世危言正續篇》（臺北，學生書局，民國五十四年），卷八，交涉下，頁二〇。

其他如賭捐、妓捐、船捐等等，都由巡捕房自定捐例，隨便徵收，一無根據❼。由於徵稅權逐漸落入外人手上，華洋間不平之事甚多，當時上海及各處租界之地，華人不能買，如要買須出具外國人之名。而洋人則准其在內地買地造屋，契雖寫「永遠出租」字樣，實與賣斷無異❽。

3 司法地位

英租界初設，界內華人犯罪，則交由華官審訊。當時界內警察寥寥，中國衙門差役有時橫行界內，陷害良民，且華官不免有「獄以賄成」之習❾，西人乃於一八六四年設立會審公廨，其目的在於「以中國的法律制度，維持與洋人居住在一起的華人之工作安全」❿。

會審公廨最初設立於英領署外房屋內，由上海知縣派員主持，以委員職微，故人多不加重視。至一八六九年始改派同知一人充任委員，凡有關洋人案件，均有領事陪審，惟兩造均係華人者，

❼ 董樞，〈上海法租界的長成時期〉，《上海通志館期刊》，一卷二期（民國二十二年九月），頁三四六－三四七。
❽ 鄭觀應，《增訂盛世危言正續篇》，卷八，交涉下，頁一〇。
❾ 徐公肅等，前引書，頁一九。
❿ 吳圳義，前引書，頁二一。

則仍由委員單獨審理；洋人所用僕役，非預先徵得該管領事同意，不得拘捕；死罪案件，則由上海縣審斷。此項章程，屢經修改，演變結果，陪審領事幾乎無案不審，權限大為擴張⓫。換言之，對於傳提為外人服役的華人，其權操於領事手中；對於無約國人民與華人混合案件，領事有陪審權，無約國人民相互間案件，領事且有會斷罪名之權；及領事既與公廨委員處於平等地位會同理案，卻又可與道臺處理上訴案件，得變更公廨委員的判決⓬。

外人侵削司法權的結果，一九〇五年終因黎黃氏案⓭，激起上海民眾的一次擁護法權行動。

⓫ 岑德彰譯，《上海租界略史》（勤業印刷所，民國二十六年六月），頁八六。

⓬ 蒯世勛，〈上海英美租界的合併時期〉，《上海通志館期刊》，一卷三期（民國二十二年十二月），頁六二四—六二五。

⓭ 一九〇五年十二月八日，會審公廨因審訊黎黃氏，而引出一場大風波。緣有一四川官眷廣東婦人黎黃氏攜帶女孩十五名、隨伴四人、行李百餘件，乘長江班鄱陽輪抵滬。工部局捕房據鎮江來電，說是拐匪，便將該氏等拘捕，向會審公廨控告，讞員關炯之、金紹成會同英副領德為門（Twyman）審訊。審訊畢，捕房捕頭起稱，黎黃氏係拐犯，須帶回捕房。關讞員以串拐證據不足，擬判押公廨女所候訊，德為門卻說此案固應查核，但必須由捕房帶回。關讞員不得已，再行聲稱：「女犯押於西牢，洋涇濱設官章程無此條例，且又未奉道諭，不能應允。」德為門卻粗暴地說：「本人不知有上海道，只遵守領事的命令」，令捕房帶回人犯。關讞員處此局勢之下，也憤然道：「既如此，本人也不知有英領事」，即飭廨役將黎

4 政治地位

華人在上海租界中人口占絕對多數，而且也繳付相當多的稅，可是租界中的政治和行政權力卻由外人獨攬，華人甚少機會問政。

工部局為公共租界之市政機關，成立於一八五四年，設董事（member）五人，後來陸續增為七人、九人、十二人，至一九三〇年又增至十四人。董事互推總董（Chairman）一人（自來以英人充任，少有例外），主持會議並對外代表工部局⑭。工部局至一九二八年以前，始終沒有華董參加。

如果說，工部局是公共租界的行政機關，則納稅外人會議(Foreign Ratepayers' Meeting)便是立

黃氏等帶下，押交官媒。此時德為門仗勢越權，竟喝令巡捕上前，將各犯奪下。終因巡捕人多，人犯竟被奪去，又因廨役奉命爭持，遭各捕環毆，致傷二人。金襄讞見狀，離座彈壓，誰知西捕目無長官，持棍欲擊，經金襄讞將木棍奪下。此時堂下沸鼎，廨役便將大門關閉。巡捕挾人犯不得出，逕向關讞員索取鑰匙，關讞員怒斥道：「毀門可，打公堂可，即殺官亦無不可！」但最後一應人犯仍被囚入盜車，押赴西牢（女孩十五名送濟良所），這便是歷史上有名的大鬧公堂事件。參閱席滌塵，〈大鬧公堂案〉，《上海通志館期刊》，一卷二期（民國二十二年九月），頁四一七—四一八。

⑭《上海公共租界史稿》（上海人民出版社，一九八〇年），頁一一八。

法機關兼監督機關，其主要權限為選舉工部局董事、通過預算捐稅等。但納稅人的資格有限制，凡居住公共租界的外國人，年付房地捐十兩以上，或賃租房屋每年租金在五百兩以上者始稱合格。這種以財產或納稅額所做的嚴格限制，實際造成「富豪政治」（Plutocracy）⑮，而蔑視了中產階級以下的居民利益。

法租界的公董局，由法國領事及八位董事組成，任期二年。董事中，有四位法國人和四位外國人，由年滿二十一歲，符合下列三個條件之一的法國人和外國人組成的選舉團選出：

(1)在法租界擁有地產；

(2)在法租界租賃整幢或部分房屋，而年付租金一千法郎以上；

(3)在法租界居住滿三年，並有年收入四千法郎以上的證明。⑯

在第一次大戰前，公董局尚無華董參加。

(三)租界華人參政的醞釀

上海無論公共租界或法租界，華人與外人比例均極懸殊，而中國居民只有納稅義務，並無過

⑮ 同⑭，頁一〇九。

⑯ Wu Juin-Yih, *Concessions de Shanghai: Etudes Sociale*, Thése de doctorat, Université de Paris VII, p. 34.

問租界事務之權利，自然引起一些不平之鳴。

上海英、美領事和僑民在太平天國時期的種種變更租界性質的行動和企圖，為駐京英、美公使所不同意。英、美公使在屢次嚴加訓斥之後，又特地在一八六四年開各國公使會議，議決改組上海租界的五原則，其第五原則即是：「市政制度中，須有中國代表，凡一切有關中國居民利益之措施，須先諮詢，得其同意」。一八六五年駐滬各國領事在英領署舉行的會議中，決定由租界中國代表三人組成一部，以便對於捐稅、維持秩序等有關華人的事情，為工部局顧問商酌之用；這三個中國居民代表，應由領袖領事於每年三月間正式懇請道臺，著華人商會、商幫等團體代表為首人等，集會推選而成。但此種意見，後來因為北京方面態度較好的英使卜魯斯（Sir Frederick Bruce）與美使蒲安臣（Anson Burlingame）先後去職的緣故，並未獲得尊重，故一八六九年九月英、美、法、俄、德五國公使暫行批准的地皮章程，並無中國居民顧問租界事務的任何規定[17]。此一由開明外人擬議設立中國居民代表之努力，至此終成泡影。

在華人方面，早在一八七三年八月二十七日，《申報》便發表一篇文章，主張租界應設華董。擬議的起因是，該報記者看到香港報紙載有該處英國當局延請華紳會議地方應辦事宜的消息，覺得「香港本為英國管屬之地，而尚有此等法制，何況上海租界乃為中國之地乎？乃未聞上海租界

[17] 蒯世勛，〈上海公共租界華顧問會的始終〉，《上海通志館期刊》，一卷四期（民國二十三年三月），頁九一六—九一七。

內之西人舉行諸事，而取議於華人也」。所以主張，「工部局諸值董，除舉立西人而外，……再添公正殷實之華紳數人，與西人一並聚敘，……租界平日之各事務，中外值董會議而後行」。其所持理由有三：

(1)值董諸士雖為西商公正殷實之人，通明西國各事務者，然中國各規矩好惡，又豈能洞曉乎？中國語言文字，該值董恐尚未能全行辨識，倘目前忽有一新異之事，其情形尚不洞悉，其利害何由深知乎？

(2)捐銀供給工部局各費，既係華人與西人一例遵行，則會議一事亦當令中外一例，公事互相商辦。

(3)地之清潔，道路之坦平，稽察之嚴密，倘有華人襄贊於其間，其功效當更大矣。……遇包探之橫行，西仔之放肆，亦可一例而彈壓，況其他乎？⑱

這個見賢思齊的建議，可謂開上海華人問政的先河。但由於當時一般華人的政治意識薄弱，不知自治為何物，且素來抱持「胡運不百年」⑲的消極態度，故產生反響不大，最後並無下文。

⑱ 同⑰，頁九一八。

⑲ 姚公鶴，〈上海空前慘案之因果〉，《東方雜誌》，二十二卷十五號（民國十四年八月），頁二二。

一九〇五年十二月八日，上海會審公廨因審訊黎黃氏，而發生工部局捕房大鬧公堂事件，上海華人群情憤慨。十八日，公共租界華人商店罷市，民眾擁集租界中區各主要街道示威，當場遭巡捕擊斃十一人，傷數十人。至二十日，各商店始在巡捕、包探和各國登陸水兵的武裝嚴密戒備之下，開門營業。案發後，上海紳商集議共商對付辦法，大家情緒激昂，甚至有人提議，以後工部局須設一華董[20]。這是設立華董意見的再度提出。

其後，上海紳商因現實利害關係，態度軟化，工部局僅允組織「上海租界華人諮詢委員會」，又稱「上海租界華商公議會」，一九〇六年二月由紳商選出吳少卿（瑞記洋行總買辦兼絲業會館董事）、郁屏翰（洋貨公所董事）、謝綸輝（錢業會館董事）、虞洽卿（和德）、周金箴、朱葆三、陳輝庭等七名辦事董事[21]。但這個公議會，並無任何參與租界治理之權，只可視為一承轉機關，轉達中國居民之合理的不滿意見。即使這一點，最後也遭三月十三日舉行的「納稅外人會議」所否決[22]。

(四)設立華董的爭議和奮鬥過程

[20] 《申報》，一九〇五年十一月十四日。

[21] 同[17]，頁九二〇。

[22] 《上海公共租界史稿》，頁三七。

上海法租界與公共租界設立華董的時間，先後不一，法租界在前，公共租界在後。華人在兩租界爭取設立華董的過程，也不盡相同，茲分述如下：

1 法租界

租界當局常利用種種藉口或地方官吏的昏聵，越界築路以拓寬租界，這是外人屢試不爽的一貫策略；華人為謀抵制，則以設立華董為交換條件，逼使租界當局做出相當之讓步。這種「挑戰與回應」的模式，大抵可以說明租界華人的參政過程。

至一九一四年初，法人又提出推廣租界的要求，要求在西門外肇周路徐家匯路等處推廣租界，上海士紳為謀抵制，以擴充華董名額為條件，呈文表示：

華人之居住租界者，均有納稅之義務，無應享之權利，……現應商於就地居民內擇民望素孚，熟諳外交者，公舉董事若干人，凡遇提議事件得列席預議，發表意見，則該局一切設施，俾可交通聲氣，遇華人有不平之事，隨時糾正，以免隔閡，而昭公允。㉓

其後經外交部特派江蘇交涉員兼上海觀察使楊晟，與法國駐滬總領事甘世東(Gaston Kahn)於

㉓《申報》，一九一四年二月十七日，十版。

一九一四年四月八日簽訂法租界界外馬路十一條，其中與華人地位直接有關者縷列如下：

⑴雙方議定，擬選出中國紳董二員，專與法公董局會辦華人住居法租界及外馬路公事。

⑵住居法租界及外馬路之中外人等，所有應納中國政府地稅，悉歸法公董局主任代收繳納；若以後中國他處華人田賦有增加問題，法租界及外馬路華人田賦，亦一律增加。

⑶法租界及外馬路華人耕種之田地，住居之房屋，及平等人家之各產，法公董局永不抽房捐、地稅及他種類似之捐，以及人頭稅。

⑷中國業主、房主欲用自來水、煤氣、電氣等，在以上指明界內者，始有完納地稅房捐於公董局之責；其執有道契之地，不得視為華人產業。㉔

協定訂立後，法方即聘請陸費伯鴻（浙江桐鄉人，上海中華書局總經理）、吳馨（畹九，前上海知事）二人為華董，代表中國居民利益說話。法租界公董局成立以來，這是第一次有華董出現，但為法方聘任，與前述協定所謂的「選出」仍有一段距離，而且恐怕形式的意義大於實質的意義。

相對的，界外馬路的華人在未訂約以前，房捐僅付百分之八，與外國人同等待遇，且是自動樂捐性質；及至訂約以後，房捐便與舊租界內住民一樣，驟增至百分之十二，且含有強迫的性質，

㉔ 董樞，〈上海法租界的多事時期（上）〉，《上海通志館期刊》，一卷四期（民國二十三年三月），頁九九二—九九三。

而外國人卻仍納捐百分之八。此外，居住西門外一帶的貧苦民眾，均橫遭驅逐，所有草屋皆被拆除，頓時有三千多名華人無家可歸㉕。以如此條件，換得兩位有名無實的華董，代價不能不謂高昂。

及一九二五年五卅慘案發生後，華人要求參政權之聲浪漸高。華人本「有納稅之義務，即有應享之權利」之義，於一九二〇年自動組織「納稅華人會」，以謀參與租界市政㉖。自一九二七年七月一日起，法租界納稅華人會為法公董局增加巡捕捐事，迭次與公董局方面磋商辦法，並派張嘯林、杜月笙、程祝蓀三代表與法總領事那齊（Gerant Naggiar）洽談該會之參議權問題，經法總領事答應，關於公董局一切興革事宜均得參與。惟因時間急促，勢難從容普選，於是納稅華人會先行召集區內各代表開緊急會議，當場公推張嘯林、杜月笙、程祝蓀、於子承、尚慕姜、吳亮生、魯庭建、沈仲俊、朱聲茂等九人為出席法公董局臨時華董顧問，以期早日達成正式參加之素願㉗。

至同年十一月二十三日，法界納稅華人會議選出虞洽卿、王正廷（儒堂）、宋漢章、沈田莘、汪維英、馮少山、袁履登、陳霆銳、鄔志豪、唐紹儀、史量才、王曉籟、王省三、項松茂、陸費

㉕ 同㉔，頁九九七。

㉖ 《上海公共租界史稿》，頁一一二。

㉗ 《申報》，一九二七年七月二十三日，十三版。

伯鴻、李祖虞、宋士驤、吳蘊齋、嚴諤聲、陳光甫、李晴帆、樂俊保、徐乾麟、黃瑞生、黃楚九、孫梅堂、趙晉卿等二十七人為正式執行委員，主持一切會務，並辦理有關華董之交涉㉘。十二月十八日，法界納稅華人會對增捐問題發表聲明，認為增捐係臨時性質，在公董局添設華董問題未解決以前，市民仍照舊額付給㉙。

增捐問題後經公董局華董張嘯林、華顧問杜月笙調停，於一九二八年一月下旬解決，公董局方面准定於農曆新正初五後，收取捐稅；另一方面，法國當局為俯順輿情，除原聘之華董吳宗濂、朱炎之、魏廷榮、陸費伯鴻外，並新聘張嘯林為華董，另聘杜月笙、程祝蓀、尚慕姜、貝在榮、吳亮生、魯庭建、朱聲茂、金立人等八人為華顧問㉚。這是租界華人有參政權之第二步。

增捐問題解決後，納稅華人會理事會議即議決下列辦法以為配合：

(1)由納稅華人會登報及通告市民付捐；

(2)嗣後關於租界市政改良及華人有關事件，由市民提交本會，由本會彙案討論提交華董向公董局建議施行；

(3)由本會發表宣言詳述增捐理由；

㉘《申報》，一九二七年十一月二十三日，十三版。

㉙《申報》，一九二七年十二月十八日，十五版。

㉚《申報》，一九二八年一月二十七日，十四版。

(4)對於參政運動繼續進行要求；

(5)現任公董局各華董由本會追認。㉛

過去法租界華董均由公董局聘請，自一九二九年七月五日以後，改由納稅華人會自行推選，不但符合民主參與的原則，而且又使參政權推前一步。

2 公共租界

公共租界工部局設立華董的時間，雖較法租界公董局為晚，但華人所進行的要求運動卻如火如荼，較諸法界有過之無不及。一九一九年巴黎和會時，中國曾提出希望說帖一件，其第七則是「歸還租界」，內云：「中國政府……深望各國現有租界者，允將租界歸還中國」，「在實行歸還之前，中國政府願租界內治理之章程稍加修改，俾中國居民可得平允之待遇，亦可為最後歸還之準備」。說帖中對於此種「稍加修改」之點，舉列了四點，其第二點便是：「中國人民居住租界者，得有選舉工部董事及被選舉之權。」㉜這是中國政府首次向列強所提的建議，最後希望雖然落空，但卻開啟了日後爭取租界參政權的運動。

㉛《申報》，一九二八年一月二十六日，十三版。

㉜曾友豪，《中國外交史》（商務印書館，民國十七年再版），頁四一七。

及五四運動勃興後，上海公共租界納稅華人也因工部局增加捐稅，而根據「不出代議士，不納捐稅」（no taxation without representation）的原則㉝，提出「若果不能達到目的，應請總代表向工部局要求華商與各國僑商予以平等待遇，華商方面添舉華董」的要求㉞。各商店並組成「各馬路聯合會」拒納增捐，力圖修改章程，如敢強迫納稅，則實行總罷市㉟。

西人對華人要求代表權一層，頗表同情，且願為相當之援助，如美國領事與美商多贊成工部局加入華董㊱。《字林西報》（*North-China Daily News*）亦認為，「令華人加捐而不使其在租界立法機關至少得一非正式之發言權，是否合於正義，……似應自己發心對於出此大部分款項之人有所報答」㊲，「工部局得華董一、二人，必於各方面大有裨益」㊳。英駐上海總領事法磊斯（Everard Fraser）於贊成之餘，則提議先組織華人顧問會，為華人直接參與市政之過渡機關㊴。

㉝ 蒯世勛，《上海公共租界華顧問會的始終》，頁九一五。

㉞ 同上，頁九二八。

㉟ 《上海公共租界史稿》，頁三八。

㊱ 《申報》，一九一九年十月十六日，十版。

㊲ 《申報》，一九一九年八月十五日，十版。

㊳ 《申報》，一九一九年八月二十五日，十版。

㊴ 蒯世勛，《上海公共租界華顧問會的始終》，頁九三三。

一九二〇年四月七日，納稅外人會舉行年會，討論兩個提案：一是工部局所提設立華人顧問委員會案；另一是華人各路商總聯會的正式請願書，經八千餘位華商簽名，委託英人李德立(E. S. Little)與愛資拉(E. I. Ezra)所提的添設華董案。前一案很快獲得納稅外人會的通過，後一案則遭遇到否決的命運。在討論添設華董案時，李德立列舉必須贊同的理由如下：

(1)「無代表不納稅」的原則，本發源於盎格魯薩克遜民族，後來各國仿行，為世界所公認，對於華人根據此種原則提出要求，焉能拒絕？

(2)華人納稅，實占多數，但對於公款處置不能與聞，拒付又無力量。即使加入華董，華人仍無支配捐稅用途的權力，不過多一表示意見之機會而已。

(3)上海租界加入華董並非創舉，「天津租界早有華董一人，已歷八年之久，未嘗有華董徇私舞弊之事」。

(4)華人請求出於至誠，且係大多數人之主張，其精神正如「工部局如有所需，如遇失敗，仍不肯放手，但奮進不已」一樣。

(5)「上海歷史常有不寧時代，如有華董，則中外意見可以互知，不致因誤會而生衝突。」

(6)「上海乃民治規模地，中國他處城邑多取法於上海，凡各措施，皆視此為標準，吾人宜容華董加入，並訓練華人所以為選舉人之方法，俾可以此制度傳布於其他城邑。」㊵

㊵ 同㊴，頁九五九—九六〇。

這些理由從大處著眼，兼顧原則與實際，符合民主與進步的精神，應能獲得開明人士的支持。最後，李德立甚至以容許華人參政之後，許多外人未曾達到目的之事，如擴充租界等等，華董將為其自己和外人而取得之——這樣的話來打動納稅人的自利心。愛資拉則從參政運動的普遍上說話，並批評華人顧問會是一種「非驢非馬之辦法」，「既非華人所欲，亦非工部局所需」㊶。

工部局總董庇亞斯(E. C. Pearce)等則持反對立場，他們的理由如下：

(1)華董要求是華人撤銷「治外法權」的手段，而「治外法權」則不僅保護著外人，亦且保護租界的華籍居民，所以他們是「並不反對華人代表的原則，但主張，最堅決地主張：此種代表非到我們得到確實保證不致損及那些依賴租界而存在的華洋巨大利益時，不應給予」。

(2)租界的發展，其根基大部分在於它的對中國政治的中立性。華董加入之後，便有使租界介入政爭漩渦中去的絕大危險。

(3)「根據健全的原則或政策，我們的根本法（按即指地皮章程）上不應有所修改，除非此種修改足以增強此種根本法，並在我們的行政上產生較大的效果。……我們最確定地以為，華人代表不會獲達此項目的，卻相反地會孱弱我們的根本法，並減少我們行政的效果的。」

(4)即是關於賄賂之事。

(5)添設華董後，將不再像以前有一班為工部局出力之人。㊷

㊶《公共租界納捐人年會續紀》，《申報》，一九二〇年四月九日，十版。

庇亞斯從長遠的角度看，深怕華董的增設，除可能發生賄賂事情，介入中國的政爭外，又恐華人得寸進尺，牽涉到將來地皮章程的修改以及「治外法權」的存廢，故為防患未然起見，當然不贊成做根本性的改革，以免動搖租界的地位。

添設華董案終於在懸殊票數下遭到否決。華人只好退而求其次接受華顧問會的安排，納稅華人會並選出宋漢章、謝永森、穆湘玥（藕初）、余日章、陳輝德（光甫）等五人為華顧問。但華顧問會的設立，「在外人方面不過藉此以緩和吾之民氣，並無誠意以相容接；在華人方面亦採取漸進主義，為得寸進尺之圖，虛擁顧問之名，並無發言之實，廁身會場，形同傀儡」[43]。事實上，工部局提交華顧問會請表示意見之事甚少，而華顧問會偶得表示意見的機會，其意見亦未受到應有之尊重。因此，華人方面逐漸發覺，華顧問會的設立和真正的參政完全不相干，而希望早日廢止此一過渡辦法而轉入有效的參政。另一方面，工部局亦發現，華顧問會並不能發生緩衝作用，華人仍然積極有力的抗爭工部局的行動和企圖[44]。一九二五年五卅慘案發生，有名無實的華顧問會也因六月六日華顧問的全體辭職而宣告結束！

五卅慘案後，上海群情洶湧，工商學各界要求工部局增加華董的聲浪又甚囂塵上，例如一九

---

[42] 蒯世勛，〈上海公共租界華顧問會的始終〉，《上海通志館期刊》，一卷四期，頁九六〇—九六一。

[43] 馮炳南，〈上海工部局華董問題〉，《申報》，一九二五年十月十日。

[44] 同[42]，頁九七〇。

二五年六月八日，上海工商學聯合會提出主張：

> 工部局董事會及納稅人代表會，由華人共同組織，其華董及納稅人代表額數，以納稅多寡比例為定額。[45]

此時上海外人社會有感於社會之進步，有待華人方面道義之贊助，故亦竭力促成華董之實現。工部局鑒於民氣激昂，為免事情日趨複雜，有意接受一九二〇年李德立與愛資拉所提之建議[46]，即設法修改地皮章程，將工部局董事人數，由九人增至十二人，所增三人即由華籍納稅人充任。

這個議案將由工部局提出於四月十四日的納稅外人年會討論，消息傳出，華人反應熱烈，尤其對華董增加人數表示強烈不滿。四月八日，上海各公團聯合會發出通函指出，公共租界華人有納稅之義務，而無享受工部局董事之權利，實違背平等之原則，其重要論點為：

> 工部局加入華董，本為天經地義，而華董人數，則尚有研究之餘地。蓋全埠市民，華人佔

---

[45] 蒯世勛，〈上海公共租界華董產生的經過〉，《上海通志館期刊》，二卷四期（民國二十四年三月），頁一〇八五。

[46] Kotenev A. M., "Shanghai: Its Municipality and the Chinese" (Shanghai, *North-China Daily News*, 1927) p. 169.

百分之九十幾，納稅款額亦超出外人數十倍，僅以加入華董三人，豈得為平？敝會以為，工部局即不能以納稅之多寡為標準而平均分配，然至少亦須規定華董佔董事會之半數。[47]

四月十三日，上海總商會發表「華人對於五卅慘案各大問題之宣言」，反對外人對於華董議席之任意支配，堅決主張「應以所納稅額實數之多寡為比例[48]」。華人對於華董名額，甚至要求將董事額自九人增至二十一人，其中華董十一人，外董十人，每二年減去外董一人，增加華董一人，六年後增至十四人，外董減至七人，此後按年遞加，共加華董六人，以中外董事增至二十七人為度，處理界內一切行政[49]。此種大幅度增加華董的主張和構想，雖頗能充分反應北伐以後高漲的民氣，但操之過急，實際卻不可行。

四月十四日，納稅外人年會通過設華董三人案，但並不為上海各華人團體所接受。納稅華人會為求問題之根本解決，改組納稅華人會代表大會，選出虞和德（洽卿）、馮培熹、王孝賚、王正廷等二十七位執行委員，並在總商會和各路商總聯合會的敦促之下，積極進行華董問題的交涉。一九二八年三月二十六日，聯名致函工部局總董費信惇（S. Fessenden），提出對華董問題之堅決

[47] 《申報》，一九二六年四月九日，十三版。

[48] 《申報》，一九二六年四月十四日，一版。

[49] 《申報》，一九二六年一月十二日，九版。

主張，內云：

華董席數，須以捐稅比例為原則，但於現狀之下，為表示本會誠意合作起見，按照歷次雙方所議過渡辦法，除原有華董三席外，各委員會應加入華委員六席，連華董共為九席，即日實行。㊿

四月十日，納稅華人假總商會舉行華董華委選舉，規定選舉必須有過半數代表出席方可舉行，及代表必須親自投票等項規則。結果，貝祖詒、袁履登、趙錫恩三人當選華董；林祖溍、李銘、秦祖澤、黃明道、陳霆鋭、錢龍章當選委員，因黃明道辭職，四月十七日補選徐新六充當。51茲將其個人資料表列如下：

(1)華董部分：

㊿〈上海公共租界工部局加入華董華委辦法文件〉，《東方雜誌》，廿五卷七號（民國十七年四月），頁一〇九。

51 蒯世勛，〈上海公共租界華董產生的經過〉，《上海通志館期刊》，二卷四期，頁一一一一。

姓名	字號	年齡	籍貫	現職	學歷	經歷
貝祖詒	淞蓀	三十六	江蘇吳縣	上海中國銀行行長，銀行公會代表，上海租界納稅華人會執行委員，審查工部局經濟委員會委員。		江蘇實業工場監學，漢冶萍公司會計所辦事，中國銀行總管理處辦事、營業主任、副行長、行長。
袁履登	禮敦	五十	浙江鄞縣	寧紹商輪公司經理，上海國民銀行董事，上海總商會執行委員，上海租界納稅華人會執行委員。	上海聖約翰大學畢業。	寧波斐迪學校副校長兼英文教員，寧波軍政府外交兼交通次長，上海總商會副會長，工部局華顧問。
趙晉卿	錫恩	四十六	江蘇上海	上海總商會常務委員，滬江光華大夏法科等大學董事委員，浦東電汽公司、中華工業公司等董事總理市政府參事。		太平洋商業會議專使、收回上海會審公廨代表，上海總商會會董，上海青年會會長，濬浦局顧問董事部中國代表

(2)華委員部分：

姓名	字號	年齡	籍貫	現職	學歷	經歷
林祖溍	康侯	五十三	江蘇上海	上海總商會常務執行委員 市政府參事 二五庫券基金保管委員會常委兼匯業銀行稽核		從事教育工作多年，創辦南洋大學附屬小學，滬杭鐵路車務總管，新華銀行滬行經理，匯業銀行經理
李　銘	馥蓀	四十一	浙江紹興	浙江實業銀行董事長兼總經理 中國銀行、交通銀行、上海商業儲蓄銀行董事 上海銀行公會執行委員 上海租界納稅華人會審查工部局經濟委員會主席	日本高等學校畢業	浙江軍政府財政部佐理部務 旋辦中華民國浙江銀行，嗣改組為浙江實業銀行
秦祖澤	潤卿	五十	浙江慈谿	福源錢莊經理		上海錢業公會會長 上海總商會副會長

姓名	字號	年齡	籍貫	現職	學歷	經歷
陳霆銳		三十八	江蘇吳縣	上海法租界納稅華人會執行委員兼業律師	東吳大學法科畢，美國密西根大學政治學碩士、法學博士	上海律師公會改組委員 東吳法學院教務主任 收回上海會審公廨各公團代表
錢龍章		四十二	浙江鄞縣	上海各路商界總聯合會監察委員 山東路商界聯合會監察委員兼衛生部常務委員 鼎陽觀食品公司總理兼業醫士		上海各路商界總聯合會議長、副議長
徐新六	振飛	四十二	浙江杭縣	浙江興業銀行總經理	上海南洋公學 英伯明罕大學理學士 巴黎國立政治學院研究	中國銀行總管理處副司庫、京行副經理 漢冶萍公司總會計 浙江興業銀行董事會書記長、該行副總經理

資料來源：《申報》，一九二八、四、十一、十三版；《民國人物小傳》（傳記文學出版）

一九二八年四月十九日，上海公共租界第一任華董三人正式就職，由總商會、銀行公會、職業公會、各路商界總聯合會、納稅華人會等五團體，事前通告公共租界各商店均懸旗一天，「以示市民熱烈之期望，並祝董委此後之努力」[52]。次日，六華委亦就職。其職務經工部局派定如下：

華董方面：

貝祖詒——財政
袁履登——土地
趙晉卿——教育及公用

華委方面：

林祖溍——教育
秦祖澤——財政
李　銘——用人
陳霆銳——警務及交通
錢龍章——衛生
徐新六——交通

華委均屬顧問性質，非事務官，故除列席會議外，無須每日到部辦公[53]。

---

[52] 同[51]，頁一一三。

納稅華人會針對工部局三月二十六日之覆函，於四月三日舉行第二次代表大會，其議決第二項有云：

本會之提議，華董事席數須以捐稅比例為原則，且於現狀之下，即根據現有董事總額，在最短期間，須增加華董事六席，貴局復開，依事情之常軌，當使之增加一節，代表大會認為此項最短期間，至多不得過一年。54

一年後，華人各團體特派江蘇交涉員金問泗交涉，於四月初致函領袖領事美總領事，請轉商工部局，於本屆納稅外人年會中提出本年將華董增至五席之議案。但工部局總董費信惇以為「時機未至，不洽輿情」，而未將該案提交四月十七日的納稅外人會討論55。

同年冬，華人方面提出同樣的交涉，經一九三〇年一月六日工部局董事會議決同意後，即編入年會議程中，列為第六案。四月十六日納稅華人會舉行代表大會，選出袁履登、虞洽卿、徐新六、貝淞蓀、劉鴻生等五人，為出席本屆工部局之華董。同日，納稅外人會舉行年會，討論到華

53 《申報》，一九二八年四月廿二日，十三版。

54 《申報》，一九二八年四月十二日，十三版。

55 蒯世勛，〈上海公共租界華董產生的經過〉，《上海通志館期刊》，二卷四期，頁一一二六—一一二七。

董由三席增加為五席案時，工部局總董起立說明，略謂：「去年一歲中，華董諸君亦能在此中外雜居、各國利益與目光有時幾至無從妥協之社會間，盡環境之可能，有完滿之合作。……為表示誠心與信用計，吾輩宜自行發端，設法增加華董席數。且此事苟能出以自動，而迅予實行，則必較諸彼此論價而後勉允者，大可增進中外之友誼」。旋有英律師麥克唐納 (Ronald G. McDonald) 出而竭力反對，謂此種變更，足以引起野心，危險實甚。至華董之增加，工部局方面雖曾給予若干保證，但當日給此保證者，實無權為之，故此種保證，不足以拘束納稅外人。最後付諸表決時，此案遂未獲通過[56]。《申報》曾透露，此次納稅外人會之否決增加華董案，實為日人暗中操縱所致。年會有表決權者共約一千二百票，日人及英、美人各半，該案付表決時，英美人放棄表決權者約二百人，因日人要求增加日董不遂，遂以六百票對四百票將工部局提出之華董案否決[57]。但工部局日董福島、齋藤二君即代表全體納稅日人聲明謂，日人對於華董增席案，素極贊助，乃因不諳英文者頗多，故出席年會者不多，致華董增席案遭到否決[58]。言下頗表遺憾。

華董增席案遭到否決後，納稅華人會即於四月十七日召開緊急會議，商應變措施，一致議決：(1)登報宣言，強調納稅外人會無權措置華人會華董問題；(2)駁斥英律師麥克唐納之言論，由大會

[56] 同[55]，頁一一八。

[57] 〈工部局華董問題劇變〉，《申報》，一九三〇年四月十七日，十四版。

[58] 《申報》，一九三〇年四月十八日，十三版。

秘書起草，經大會主席會同華董委員修正後發表；(3)電請外部嚴重交涉，並推定王孝賚（曉賴）、虞洽卿（和德）、胡孟嘉（祖同）三人向外部請願[59]。

四月十八日，上海納稅華人會發表宣言，內云：

本會確認上海公共租界納稅西人會，無權討論關於公共租界納稅華人應有之市民權利，根據此項原則，對於本年四月十六日納稅西人會否決增加工部局華董兩人一案，當然無效。特此鄭重宣言。[60]

語氣強硬，態度堅決，大有奮鬥到底，不達目的誓不罷休之決心！

四月廿六日，納稅華人會並以中英文發表駁斥麥克唐納在納稅外人年會的演說。原文甚長，茲將雙方論點歸納如下：

(1)麥氏認為，「此（指公共租界）為外人租界，洋涇濱章程係上海外人租界之洋涇濱章程，該章程第二十七條工部局董事會，係上海外人之董事會」。華人會以為在此現狀之下，此（公共租界）確為外人租界，然外人從何處租來？是否有主人翁在？其主人翁是否為華人？至洋涇濱章

[59] 同[58]。

[60] 同[58]。

程，如僅由外人獨自制定，未取得主人翁同意，不能有效；即退一步而論，認為有效，則第二十七條關於工部局董事會之規定，已於一九二六年根本失其效用。

(2)麥氏謂：「現在增加華董席數之決議，為無理由與利益，對於工部局局務之進行，與中外納稅人，增加二席華董，有何得益？」華人會以為權利義務平等，凡屬市民，既盡納稅之義務，自應享參與市政之權利，則同樣納稅人，其出席代表之權利，自不應有所偏頗，此即為增加華董席數之根本理由。至於利益，則增加華董可益收中外合作之效，中外納稅人相互有利，而工部局局務之進行，因中外風俗、人情、文字、言語之隔膜減少，免除誤會，易收迅速平易之功，此為中外公正人士所公認，並為工部局董事會之報告所證實。

(3)麥氏說：「增加華董席數之案，無論如何，應待費唐顧問之報告，及負責團體大上海組織之具體計劃發表後，再行討論。且上海特別市南區閘北之市政如何？在增加華董席數之前，對於此數點，中外董事何以不詳述之乎？」華人會以為增加華董席數，與將來費唐顧問之報告及負責團體大上海組織之具體計劃，無甚關係，尤與上海特別市南區閘北市政之明瞭與否，風馬牛不相及。

(4)麥氏謂：「通過增加華董席數一案，係一種諂諛行為，將為中國與世界所震異。」華人會以為，麥克唐納氏此種言論，全係小兒意見，非具有英國風範之人民所宜出口。增加華董席數，合乎公道之事也，尤為一種事實所必需之要求，予以通過，僅一舉手之勞，認為市惠固不通，認為諂諛更荒謬。」麥克唐納氏不知天津英租界之董事，已中英各半乎？如上海公共租界增加兩華董為諂諛，則如天津者，未知麥克唐納氏更將以何辭形容之？

(5)麥氏謂：「設增華董席數之案，予以通過，明後年華人將繼續不絕要求，且將管理租界」云云。華人會對於麥克唐納氏之第五理由，直可謂閉門造車矣。增加華董席數，為收回租界以前之過渡辦法，華人管理租界之實現，不過時間問題，此稍有外交上之常識與政治思想者，類能言之。

最後，納稅華人會並提出強烈指責，認為麥克唐納氏之演說，「其性質為情感者，而非理智者；其作用為破壞者，而非建設者；其結果為使外人困難，而招華人反感者；至其思想，則陳腐不堪，更屬違反時代精神。麥克唐納氏，更自忘其為英人，因而破壞英政府近來對華之外交政策於不顧。該項演說，如在長時間會議中，除認為無採納之價值，不能成立外，本難發生任何之效力，無如公共租界之納稅外人會，其性質類乎一時集合之市民大會，且在場納稅外人，對於該案可稱極大多數無深切之研究，經其一番夜郎自大，目無中國之主權，目無中華民族之演說，幾皆忘其身處中國領土上之議事廳內，會外有絕對大多數之中國市民，遂如群兒之被催眠，發生群眾心理上必不易免之盲從行為。」[61]

除上述激烈宣言與駁斥文書外，納稅華人會並公推虞洽卿、王孝賚、胡孟嘉三代表向外部請

61 《申報》，一九三〇年四月二十六日，十三版；二十七日，十三版。

願，祈外部據理交涉，求一公平正當之解決，以慰全滬華市民之期望。外交部長王正廷亦發表宣言謂：

上海公共租界納稅人會，今竟議決不許華董增加，余實甚覺駭異。查華董名額之增加，前此已取得允認，今乃不顧信義，卒由頑固之外人戰勝，是真至為可怪之事。余極望在一方面，不致因此發生不幸之事實，而在另一方面，尤望明白事理之外人，能設法以力圖補救。中國納稅人茲竟獲如是之否決，恐必將發生嚴重之結果，且必不為各該關係國政府所贊同。[62]

其後，上海各黨部、各路商界總聯合會、國貨維持會等團體，亦均先後發表宣言，一方面指斥上海外人的行動和言論，一方面表示一致奮鬥的決心，並敦促外交當局實行革命外交，採合法積極之手段，以保國權，而揚國威[63]，不達最後目的誓不罷休。華人如此力爭的結果，租界當局遂於一九三〇年五月二日召集納稅外人特別會議，並通過四月十六日年會未通過之議案。自後公共租界工部局便有了五個華董，達成了交涉的目的，奮鬥多年的增設華董案至此告一段落。

[62] 《申報》，一九三〇年四月十九日，十四版。

[63] 《申報》，一九三〇年四月二十四日，十三版。

(五) 結語

租界在中國乃是需要、權宜與時間三者所形成的一種複雜而畸形的制度。當清末民初動亂頻仍之際，上海租界因華人的湧入避難和聚居而繁榮，而不斷擴充。惟華人在租界只有納稅之義務，甚少過問市政或保護自身利益之權利，不但在政治上、司法上毫無地位，甚至租界公園也高懸「華人與狗不准進入」的字牌，令華人過著含悲忍屈的三等居民生活。

隨著新思潮的傳入，由於反抗帝國主義浪潮的激盪，租界華人逐漸覺醒，尤其居社會領導地位的紳商階級，為謀抵制租界當局的增捐，強調權利義務平等的正義，舉出「不出代議士不納租稅」的口號，要求增設華董，開始爭取參政權。華人在爭取增設華董過程中，最初的手段是溫和的，採不抵抗而抵抗的方法，以忍讓、協調、不趨於極端為原則；繼則漸知運用組織的力量，透過傳統式的行會團體或新成立的「納稅華人會」，做積極合法的奮鬥，再接再厲；最後再利用北伐後高漲的民氣為後盾，透過外交和政治的途徑進行交涉，並輔以抗捐與總罷市等激烈手段。就爭取的過程而言，法租界似較平和漸進，沒有針鋒相對的火爆場面，這與公董局成員的開明態度有關。反之，公共租界則較為曲折激烈，這與納稅外人會少數英國成員的固執態度有關。虞洽卿、陳霆銳、袁履登、趙晉卿等人是兩租界參政運動的共同領導人，猜想這與他們的社會地位和聲望以及所從事的事業工作有關，可見公共租界與法租界的華人參政運動雖分頭進行，但聲息仍然相通，因為雙方的成敗命運密不可分！

總而言之，上海租界華人參政運動的成敗，與收回利權運動的情形一樣，實與列強在華勢力的消長及中國本身力量的強弱息息相關。沒有實力為後盾的參政要求，其努力往往是事倍功半，甚至徒勞無功的。上海租界華人的參政運動，為我們提供一個很好的例證。

（原載中央研究院近代史研究所編，《近代中國區域史研討會論文集》，民國七十五年八月）

貳　辛亥革命

三 辛亥革命前後的上海

(一)引言

上海是革命黨人活動最早，展開革命宣傳最力的地區，也是同盟會中部總會的所在地，故無論就革命傳統、革命組織、革命宣傳或革命活動各方面而言，上海均居於舉足輕重的地位，殆無疑義。及武昌革命爆發後，在短短一個月內而有十四省的獨立響應，而其間響應最有力，且影響於全國最大者，厥為上海。上海之光復，不但影響國際視聽，獲得財政上之支援，控制江南製造局的軍械來源，而且促成蘇州、杭州的獨立以及南京的光復，穩定了因漢陽失守後的革命大局。

上海的光復，有關陳英士、張承槱等率隊進攻江南製造局的經過，一般談論較多。本文嘗試從另外一個新角度，以當時報紙為主要材料，希望針對上海光復前後各方面的反應，有一個比較廣泛而深入的分析。在一場大動亂變革中，經由社會不同階層各個角色的不同反應（不限於革命者與被革命者），而將前後兩種世界作一對照，或許仍有它的歷史意義，如此亦可能有助於歷史全貌與真相的瞭解。

(二)武昌起義後上海的反應

武昌起義對上海的衝擊很大，一般上海報紙稱之為「鄂亂」、「鄂江潮」。茲將武昌起義（八、十九）後至上海光復（九、十三）前這段期間內，上海各方面的反應綜述如下：

1 社會民心的激盪

上海自清季小刀會亂事以來，是一個「頻年有事」的動盪社會。武昌與上海兩地雖相隔千里，但亂事的起來仍對上海的社會民心構成相當程度的激盪，這種激盪應屬全面性，不分階層的。

上海人對鄂事的第一個反應是謠言四起，驚疑有加，風聲益緊。這種心理反應自然不限於上海一地，但滬上「為商賈輻輳之區，華洋互市商業最繁盛」，故情形特甚。為此，滬道劉燕翼曾一再發出告示，以安人心。他一者表示，清廷已派「陸軍兩鎮及加派兵輪並長江水師迅速赴鄂剿辦，轉瞬大兵雲集，指日平定」，上海本身也已加強防範，可保無虞；一者勸導商民「萬不可輕聽謠言，互相搖惑」，鑒於過去每逢時局孔艱，均能轉危為安的歷史經驗，再加滬上為中外商業機關所繫，商民自應「如常貿易，保持中外信用，不必稍有驚疑，自生障礙。」❶但一紙告示，如何能壓制惶惶人心？最後尚須勞動兩江總督張人駿出面查禁，以鄂省革命以來，「警耗頻傳，各處人心惶惑，市面大為震動」，尤以「滬上為通商大埠，商民薈萃之區，深恐遽行聽信謠言，致使驚惶」，故特令查禁，並訪拿造謠之人，嚴行懲辦❷。針對連日來人心的浮動，《民立報》、《時報》、《申報》亦紛紛撰文勸告上海居民，勿做無意識之驚慌，擾及地方治安，而為土匪所乘。

上海人對鄂事的第二個反應是幸災樂禍，顯示出人心思變的心理。尤其商、學兩界成群結隊，均以報章為談助，述及緊要時事，則欣欣然有得色❸。而一般平民久憔悴於虐政之下，雖未必個個贊成革命軍，然於一切言語詞色之間，卻無一人反對革命軍者❹。

上海因有各國租界存在，故與過去歷次變亂一樣，成為逃亡避難所。自武漢亂事一起，凡自長江東下之各江輪莫不滿載避亂人民，滬寧路、滬杭路到滬乘客更是擁擠不堪，其中以滿洲人為尤多，男人多剪辮子，女人多改漢裝，造成上海大小旅館人滿為患，酒樓飲食業無不利市三倍❺，

❶《民立報》，一九一一年十月十六日。

❷《民立報》，一九一一年十月廿六日。

❸《民立報》，一九一一年十月十五日，〈上海春秋〉專欄。

❹《申報》，一九一一年十月十九日，第二版〈評論〉。

❺《民立報》，一九一一年十月廿二日、十一月三日。

這種「難民潮」對於已經人心惶惶的上海社會，更添增一層離亂的畫面！

2 經濟金融市場的波動

金融市場是經濟活動中最敏感的一環，常隨時局的變化而起伏波動。上海金融因湖北亂事而大受震動，市面為之產生恐慌，久久不能平息。上海一般有錢人為恐鄂亂波及，不外採取下列三個途徑，即換鈔票、提存款、購金飾，以保值自己的財產。不僅大戶競提取存銀，即貧家亦持票兌現，故一方面造成銀行擠兌風潮，一方面造成銀拆抬高，洋厘放大，錢串縮小的情形，以致兌者蒙受損失，大吃其虧❻。

由於洋厘銀拆、銅元市價繼長增高，各銀行之提取現款者更形擁擠，以致現銀頓缺，因此上海華商銀行不得不採取各項應變措施，以渡難關。例如信成、四明、浙江等銀行均於門首張貼告示，略謂：凡持票取現者暫緩一星期給發，信成更標明已赴香港採辦現洋。浙江興業銀行門首亦貼出廣告，略謂：亂事影響，現銀缺少，凡提儲蓄存款數在五十元以上者，先付三成，漢口、杭州各埠票銀暫緩收兌。至於外國銀行及大清、交通等官立銀行依然照常兌換，惟較平時忙碌數倍，捕房深恐人多生事，特派探捕前往照料❼。

❻《民立報》，一九一一年十月十七日，新聞及〈上海春秋〉專欄。

❼《民立報》，一九一一年十月十八日。

為籌商維持市面，上海城自治公所總董李鍾珏（平書）、商董沈縵雲等除曾拜會上海道臺外，並致電江蘇巡撫程德全轉稟度支部，請暫為借用該部寄滬之銀幣四百萬，以為週轉。並另電郵傳部大臣盛宣懷轉度支部切實維持，據盛氏回電，已會商度部核准照辦，並已電知上海大清、交通兩銀行遵照，作為抵押款流通市面。又電滬道轉知商會一律維持[8]。

此外，滬道劉燕翼鑒於上海居民持有鈔票者無不紛紛前赴各銀行兌取現洋，轉致金融呆滯，市面因此震動，特致函新關稅司，不准裝載銀洋運往外埠，以保上海本埠現洋之流通。據稅司接自香港電稱，日內將有百萬現銀現洋運滬接濟，特函致滬道移請商會傳諭各商知照[9]。

上海除銀根呈現吃緊外，由於人口驟增數十萬，有地皮之家莫不趁機高抬，故地價普漲二成，房租亦步步高[10]。

在金融恐慌聲中，典當業也受波及。上海南北各典當以民心惶迫，特透由典業董事公議，凡小民當物至多以五元為限，如欲多當則不允。苦干典舖甚且暫停當衣物，以故一般小市民無以週轉，生計更形窘迫[11]。

---

[8]《民立報》，一九一一年十月廿二日。

[9]《民立報》，一九一一年十月廿三日。

[10]《民立報》，一九一一年十月十七日、十月廿二日，〈上海春秋〉。

[11]《民立報》，一九一一年十月廿八日。

亂事過程中，米糧最為珍貴。上海為維持民食，曾欲向鄰省的安徽平糶採購，但遭對方拒絕，因為安徽也自給不遑⑫。糧食供應來源既有困難，上海相對地也限制米糧之出口。德商美最時洋行駐設漢口之分行曾致電上海總行，擬在上海購米五百石、麵粉一百包運漢，以供該行中西夥友食用。該洋行稟經總領事，照會滬道請致海關稅司驗放，但滬道以米貴來源缺乏，加上人口日增，本埠尤恐不敷食用為由，未予照准⑬。正常交易既然受阻，自然發生私運情事，上海曾有不法商人勾結鐵路公司，私運七千餘石米至浙省之事⑭。

3 清廷軍事上的布置

武昌革命一起，最緊張而惶恐者，莫過於清廷有關當局。陸軍部尚書蔭昌聞悉革命黨占據湖北省城後，以「上海為華洋互市最繁盛之區，況有江南製造局，軍械所關尤為重要」，特飛電兩江總督張人駿，轉飭滬道劉燕翼，嚴加防範。製造局總辦張楚寶亦迭接陸軍部及江蘇督撫來電，除提醒加強製造局本身的防務外，並奉命預備槍械子彈，以便隨時撥運⑮。

⑫《民立報》，一九一一年十月廿日。
⑬《民立報》，一九一一年十月廿二日。
⑭《民立報》，一九一一年十月廿二日。
⑮《民立報》，一九一一年十月十五日。

清方因鄂事而對上海加強軍事布置，主要有兩方面：一為關於上海本身的防務，一為製造局內的防範戒備工作，茲分述如下：

(1)上海本身的防務

自武昌民黨起事以來，江督張人駿以吳淞口為長江咽喉門戶，現為鄂亂多事之秋，尤宜設法防守，除飭吳淞砲臺加意防範外，並電飭滬道轉令寶山縣會同該縣商辦警察，晝夜逡巡⑯。滬道對各處之防範頗為嚴密，浦東、楊思橋地方除飭駐滬第四營派兵二棚前往防護外，並指示浦東洋涇東西兩溝及三林塘、嚴家橋各處，均係鄉僻之區，尤應慎加防範，如設有警察者，應由閘北巡警總局加撥巡士往駐，而無巡警察之處，則由淞滬巡防營派兵前赴駐防，以確保治安⑰。滬道又以浦東爛泥渡沿浦一帶洋棧林立，小工甚多，良莠不齊，或有地痞棍徒勾結無知愚民，乘間騷擾，故特札飭吳淞巡防營管帶梁率帶弁勇，無分晝夜，認真巡查，以維護治安⑱。

在上海市區內的巡警，無論在閘北或南市，均奉命加強巡邏，嚴密偵緝，以備不虞。上海巡警總局姚局長因上海五方雜處，恐有匪徒宵小乘間竊發，擾亂公安，特令於東南西北四區中，每區挑選膂力強壯者各數十名，共二百五十名，後擴增為三百五十名，組成預防隊，每日在教練場

⑯《民立報》，一九一一年十月廿日。

⑰《民立報》，一九一一年十月十八日。

⑱《民立報》，一九一一年十月廿日。

操練槍法打靶，入暮則分各區地段，荷槍巡邏，先在中區會哨，然後出隊。該預防隊身穿陸軍制服，攜帶槍械子藥，與普通巡警不同[19]。所有預防隊各長警並於陰曆九月朔日起均照原級拔升一級，每月並加餉銀六錢，以資鼓勵[20]。

(2)製造局的防範戒備工作

江南製造局位於上海高昌廟，原名江南製造總局，或稱江南機器局、上海製造局，或上海機器局，簡稱滬局[21]；於同治四年（一八六五），由曾國藩、李鴻章戡平太平軍亂後所籌設，主要業務是製造新式槍砲和彈藥，兼及輪船，以應國防之需，故為我國近代軍需工業之嚆矢。

江南製造局總辦張楚寶以製造局為兵工重地，現屆多事之秋，水陸兵防均宜嚴加注意，特先稟明海軍提督薩鎮冰飭派兵輪二艘、雷艇一艘，分駐局前江面及龍華分局浦東藥庫之間。而陸路雖有砲防分設駐巡，並調淞滬巡隊分駐龍華浦東，惟門戶洞開，藩籬空曠，防不勝防，設遇事端，兵力仍虞單薄，故另電陸軍部函電江督轉咨江南提督，並行淞滬巡隊，如遇有事之時，准製造局隨時電調兵隊，以重陸防[22]。

---

[19]《民立報》，一九一一年十月廿三日。

[20]《民立報》，一九一一年十月廿一日。

[21]王爾敏，《清季兵工業的興起》（中央研究院近代史研究所專刊，民國五十二年七月初版），頁七七。

[22]《民立報》，一九一一年十月廿日。

張楚寶並於接到江督及滬道嚴防之電飭後，即星夜傳同砲隊營幫帶張雨春及本局巡警處幫帶李萬有等人各率兵警分頭防備，再以龍華鎮子藥廠更屬緊要之處，著即添撥兵士，加意防堵，須各荷持槍械，隨帶子藥以備急用㉓。此外，為杜匪類潛蹤，即日起並傳諭將門禁格外綦嚴，責令添派之門警日夜嚴防，凡於進出諸色人等尤宜留心盤查，每日傍晚六時以後宜將總門及西柵欄兩處之門戶關閉，通宵派警荷持槍械聯絡逡巡，不准私行開放閒雜人等擅行走動，違者一經查出，即予嚴懲，不稍寬貸㉔。江南製造局為革命黨人必須爭奪之目標，故其戒備特別森嚴，如臨大敵一般。

製造局除加強附近水面及局本身之防範外，並奉令趕造新毛瑟槍及子藥，以備軍需。張楚寶即傳諭洋槍、樓工頭及龍華子藥廠委員迅速督同工匠日夜工作，分別營造㉕。江南製造局除本身日夜趕造軍火外，並奉命支援金陵製造局之工作。張楚寶另撥派工人馳赴南京，將該局機器先裝，措擦裝配定奪，然後開工，以便加工趕造新毛瑟槍㉖。

由上述可知，面臨民黨革命起事之威脅，清廷上海地方當局不但有草木皆兵之概，而且幾乎

㉓《民立報》，一九一一年十月十五日。

㉔《民立報》，一九一一年十月十六日。

㉕《民立報》，一九一一年十月十六日。

㉖《民立報》，一九一一年十月十七日。

全體總動員，一者加強各項戒備，一者趕製最新槍械彈藥，以應付即將來臨的一場大風暴。

4 革命力量的整合

武昌起義不但對上海社會產生很大的衝擊作用，且予上海地區的革命力量一次加強整合的機會。茲將上海地區當時幾股重要革命勢力簡介如下：

(1)中部同盟會

一九一〇年六月，在日本的同盟會同志，集會討論展開革命工作，宋教仁主張組織中部同盟會，以謀長江革命，並提出進行程序，從長江著手，推進至河北，「期以三年，養豐毛羽，然後實行，庶幾一舉可期成功」㉗，這是中部同盟會的發端。

嗣後，宋氏便返國抵滬與陳英士等同志策劃進行。至翌年（辛亥年一九一一）二月中旬，中部同盟會始逐漸組織就緒。閏六月初六日（七月三十一日）假北四川路湖北小學召開中部同盟會成立大會，到會同志共三十三人，公推宋教仁、陳英士、譚人鳳等主持會務，議定由江蘇、浙江、安徽、江西、湖北、湖南、四川、陝西八省聯合舉義，各省分頭進行。中部同盟會成立以後，長江各省的革命工作自此有一個總的樞紐。是年八月初，湖北省軍界同志令派居正等到上海購辦手槍等軍火，並擬邀請宋教仁、黃興等到漢口主持一切。居正等到了上海，便在馬霍路陳英士的秘

㉗ 居正，〈辛亥箚記〉，《居覺生先生全集》（臺北，民國四十三年），下冊，頁四七三。

密事務所內開會討論，決定在南京、上海和武漢同時發動起義，並派員到香港去請黃興到漢口主持。但尚未布置就緒，湖北省的革命同志已迫不急待的在武昌高舉義旗了。於是黃興、宋教仁、居正等便由香港、上海分別趕往湖北，共襄軍政。而陳英士等則留在上海，聯絡南京、鎮江、杭州各地防軍，起義響應㉘。留守上海的陳英士透過沈縵雲（同盟會會員，時主持上海信成銀行業務）的關係，與李平書有所接觸，終於取得他的信任，逐漸與商團重要人物發生聯繫㉙。

(2)光復會

光復會是辛亥革命時期的革命團體之一，一九〇四年成立，曾於一九〇五年合併於中國同盟會，一九〇九年又從同盟會中分離出來，以章炳麟為會長，陶成章為副會長。一九一一年光復會在上海組織鎮進學社，部署起義，李燮和所率領的光復軍，就是屬於光復會的系統㉚。但辛亥革命前，光復會的領導人陶成章遠在南洋，李燮和則初到上海，力量也很有限。

(3)上海商團

商團又名義軍隊，其組織最早可以追溯到一八五三年公共租界的萬國商團（Shanghai Volun-

㉘〈上海春秋〉（香港中國圖書編譯館，一九六八年十月出版），上編，頁四七。

㉙王克生，〈辛亥上海光復軼聞〉，辛亥革命七十週年，《文史資料紀念專輯》（上海，一九八一年），頁一八〇。

㉚《辛亥革命在上海史料選輯》（上海，一九八一年），頁二五。

teer Corps），那是英人因對小刀會劉麗川之亂而組織的一個武裝自衛隊。其後由工部局指揮與經費支持，成為維護租界治安的一個團體㉛。

上海萬國商團亦有中華隊，它的前身叫做華商體操會。華商體操會組織於光緒三十一年（一九〇五）黎黃氏案（俗稱大鬧公堂案）發生之後，由虞和德、胡寄梅、袁恆之等發起，邀集華商百餘人為董事，以當時上海總商會會長為名譽會長，籌款成立，並設備一切。操場在北浙江路旁邊的空地，教練則邀請聖約翰大中兩學畢業生陳既明、鄭松生、徐通浩、石運乾等擔任。一時應召而集的會員，計有五百餘人之多。分為步兵四隊，騎兵一隊，軍樂一隊。軍裝槍械，均經購辦。操場、健身房、辦事處，亦都創設。華商體操會成立一年之後，始終未能與租界發生任何關係，而會員人數亦逐漸減少，乃由發起諸人議決，要求加入萬國商團為中華隊。嗣經工部局批准，訂立章程，於一九〇七年三月十七日正式簽約加入㉜。

華商體操會係滬北區租界中華人所組織的團體，另上海其餘人士亦有鑒於國民軀體羸弱，致蒙「東亞病夫」之譏，欲圖強國，必先強種，乃於一九〇六年發起組織體育會，鍛鍊體魄，研習武課，冀成干城之選。先後成立者有滬南之滬學會體操部、南市之商業體操會、滬北之商餘學會、

㉛ W. C. Johnstone, *The Shanghai Problem* (Stanford University Press, 1937), p. 259.

㉜ 〈上海萬國商團史略〉，《上海研究資料續集》（上海通社編，中國出版社，民國六十二年影印版），頁一九一。

滬城之商學補習會、滬西之士商體操會。是年適華界禁絕煙館，官廳深恐煙民暴動，乃商請五體育會派員維持地方秩序，故五團體在城自治公所總董李平書、商界領袖曾少卿主持下，乃組織臨時商團，設司令部，分段出防，歷三晝夜㉝，由鍛鍊體魄的體育會組織，一變而為維持地方秩序的義勇團體。

一九〇九年，在沈縵雲（懋昭）、王一亭（震）、葉惠鈞（增銘）、張樂君、李平書、蘇雲尚、朱少圻、江榮濟等諸士紳發起下，上海商團正式成立，定名為上海商團公會。其時組織簡單，設正副團長各一人，編為五中隊，每一中隊有三小隊，其教練由中隊長擔任之。團長初任者為江榮濟，繼任者為朱少圻，團員大半為前商餘學會同志，其餘都為新團員，人數約計五千人。操練地點共有三處：一在南市滬軍營，計三中隊，教練為馬驥良、徐德潤中隊長；一在閘北黃家宅精武體育會，計一中隊，教練為許奇松中隊長；一在城內九畝地，計一中隊，教練為顧匙明中隊長。每日清晨分組出操，逢星期日在南市滬軍營會操。商團軍歌計四節，其中一節云：

進兮進兮，進進進，黃沙萬里一片戰鬥線，彈丸飛去多少英雄血，他作山河保障我國民，
死兮不退，好個壯男兒，為國為家，為吾眾蒼生。㉞

㉝〈辛亥革命光復上海商團會卅六週紀念大會特刊〉，《中華民國開國五十年文獻》，第二編第三冊，〈各省光復〉，頁三六。

至此，商團不但人數增加，規模擴大，而且更富戰鬥性！

一九一一年春，於福州路瑯琊里組織有商團俱樂部，由高一謀、陶妹賢、劉勝謙等人分別主持，其秘密工作，即聯絡革命黨人，共謀光復上海之舉。此時革命風潮洶湧澎湃，為將來計，由李萬曾另組織三百名，團員經審核合格，自願加入者頗眾㉟。團員們濡染革命思想日久，人人革命意志勃發，均有不惜犧牲，為國效死之精神。

鄂事一起，更促成商團的整合。上海商餘、參藥、荳米、閘北、清真（回教）、韞懷（珠玉業）等十餘團，特發起將上海一埠實行聯合，定名曰上海商團籌備聯合所，公推李平書為正所長，毛經疇（子堅）為副所長，共商出防保衛商民事宜㊱。並致函救火聯合會，共同維持治安，以防土匪飛機擾亂㊲。

上海商團雖扮演服務桑梓，保家衛民的角色；但在行動過程中，卻難免不與地方警防當局發生齟齬，甚至引起官府的疑慮。例如閘北商團雖已成立，但槍械迄未領到㊳。又如滬南商團新團

㉞〈上海春秋〉，上編，頁四八。

㉟同注㉞。

㊱《民立報》，一九一一年十月廿六日。

㊲《民立報》，一九一一年十月廿七日。

㊳《民立報》，一九一一年十月廿六日。

員借槍持械前往西門外日暉港附近空地作野戰練習，運經江南製造局門口，卻引起該局門警疑慮，最後由總辦張楚寶電傳李平書到局詰問，始告冰釋㊴。

(3)革命軍敢死隊

此由張承槱召集指揮，隊員約三千餘人，以工人、幫會人物為多，知識階層及商人較少，槍枝彈藥短缺，甚至以手鏢、短刀為武器。張氏本人與革命領袖如于右任、陳英士常有聯絡。在革命進行過程，相約每晚在民立報館聚會一次，交換意見，互相報告，討論進行。除陳英士外，當時上海巨紳李平書、吳懷九（務本女校校長）、葉惠鈞（商團會長）先後均來參加㊵。由此可見，上述三種革命勢力已獲得相當程度的整合。

(4)辛亥敢死團

為朱家驊、徐棠（霽生）所組織。一九一一年英人圖佔雲南片馬之案發生，清廷漠視不顧，一時社會囂然，當時肄業上海同濟大學的朱家驊以為時機已至，遂相約同學組織敢死團，借禦外之名義，作排滿之運動，斥金以集經費，登報以徵團員，風聲所播，得團員五百餘人，遂假廣東路張靜江之道義銀行為通訊處，於是年二月二十日開成立大會，眾推朱家驊為團長，徐霽生為總務，陳天民、李燦東、沈鐵錚、王星垣為軍事設計，徐一龍、戴述銘、徐炎為籌募，金漢聲、孫

㊴《民立報》，一九一一年十月十六日。

㊵馮自由，〈辛亥革命上海實錄〉，《革命逸史》（商務人人文庫），第五集，頁二七〇—二九二。

脫兮為文牘，章景雲、毛仲達、吳國楨、陳泚蘅、徐四達為交涉[41]。其後改以湖北路日華照相館為通訊處，並就彼間開會，擴大宣傳，復將團之啟事與簡章，加登《申報》、《新聞報》、《時報》、《神州日報》，各登一星期，旋即就愛文義路正式組織總部，經常辦事。各省人士響應入團者，日見增多，主要用費，皆朱家驊所出。團員中包括各校青年學生，閘北、南市與浦東之警官、滬軍營之下級官佐及各地有志之士與文武官員，如藍天蔚即為當時團員之一。清廷聞訊，曾下令兩江總督張人駿查辦，雖團務之進行，稍受打擊，但未嘗鬆懈[42]。

(三)上海光復及上海新氣象

九月十四日（十一、四）上海的光復，繫於進攻江南製造局一役，而進攻製造局一役，固得力於陳英士等同盟會諸領袖之領導策劃，然商團、敢死隊，甚至學生團之奮勇殺敵，亦功不可沒，足見不分彼此，全民參與之重要。有關此役之經過，各家記述已多，在此不贅。尤其上海巨紳李平書一身兼任城自治公所總董、製造局提調（負責購料、訂約等事）、商團籌備聯合所正所長等

[41] 徐棠，〈辛亥敢死團緣起與滬軍革命史略〉，《中華民國開國五十年文獻》，第二編第三冊，〈各省光復〉，頁三六五。

[42] 朱家驊對〈辛亥敢死團緣起與滬軍革命史略〉補正，同[41]，頁三七一—三七二。

要職，其在斯役所扮演角色之重要，沈雲龍教授在大文中已有提及[43]，此亦上海工商業重鎮之特色也。

李平書最大之貢獻，在以其個人聲望、社會地位與商界影響力，不露痕跡地將商團這支本為協助清政府鞏固地方政權，維持治安的一支武裝力量，逐漸轉化為革命主力，終於水到渠成成為革命的最大助力。面對革命一觸即發之勢，上海各商團亦部署一切，磨礪以待，先於九月十一日在九畝地舉行大檢閱，參加者有二千餘人，武裝齊全，陣容嚴整。繼於十二日晚，由李平書召集各商團會長在南市救火會臨時開會，當眾宣布，略謂時局日見緊張，願各商團竭力保衛桑梓，如聞南市救火總會鐘樓鳴鐘九響，繼以十三響，即派團員分段出防，以安閭閻。實則李平書已先與陳英士商定，以鐘響為信號，隱含九月十三日響應革命之意。十三日下午二時，陳英士集合敢死隊進攻製造局，其軍械則由商團假以步槍四十枝，子彈若干，此外更攜有土製炸彈數枚。及至英士進攻不克，且被拘捕，民黨以其生命堪慮，決定繼續攻局，而商團部分團員亦告奮勇，從而為助，遂能功底於成[44]。

上海光復後的第一個景象，是南北市面安堵如常，租界更為熱鬧，與過去的人心惶惶，驚疑有加截然不同。旅滬西人的秋季賽馬照常舉行，且觀者較前更形擁擠[45]。

---

[43] 沈雲龍，〈陳英士、李平書與上海光復〉，《傳記文學》，第三十七卷，第六期（民國六十九年十二月號）。

[44] 同[33]，頁三七八。

第二個景象，凡是銀樓酒館茶食等舖招牌有滿漢字樣者，將滿字一律改為新字，謂之新漢，氣象為之一新[46]。

第三個景象，街頭各商號、銀行、招商局到處懸掛白旗，隨風揮舞招展，居民均扶老攜幼前來瞻仰[47]。

上海軍政府成立後，雖一時尚無法解決金融恐慌問題，但將若干苛捐雜稅、病民厘卡一律撤廢，故商販歡悅，人人稱快，深得民心[48]。

（四）結語

歷史之所以可貴，在從過去經驗中吸取教訓，產生殷鑒作用。從上述上海的情形得知，武昌起義後的上海，已是一個人心惶惶、群情驚疑的社會。從社會民心以及金融經濟市場等的反應，更可以看出商民對「舊制度」的信心已告動搖，對大局前途已不抱樂觀。儘管表面上社會各項運

---

45 《民立報》，一九一一年十一月七日。

46 《民立報》，一九一一年十一月六日。

47 《民立報》，一九一一年十一月五日。

48 《民生報》，一九一一年十一月十日。

作仍照常進行，但人心思變、待變都是極其明顯的！這是民黨登高一呼，商學軍工各界群起響應，上海很快光復的一個主要原因。

而在上海光復初期，從革命所帶來的新氣象與新措施看來，大致尚能滿足商民的熱烈期待，故軍政府尚能獲得商民支持，並維持良好的形象。由此革命前後兩種景象的對比，當可證明，辛亥革命確實是一次「順乎天、應乎人」的革命。由此引申，凡能與全國大多數民眾利益福祉息息相關的社會運動或革命運動，必能產生群體共鳴，獲得廣大而厚實的支持。

（原載中央研究院近代史研究所編，《辛亥革命研討會論文集》，民國七十二年六月）

參　商人與政治

四　民初上海商人的現代化經營理念

——以棉業鉅子穆湘玥為例之討論

(一)前言

上海自十九世紀中葉闢為通商口岸後，它一方面是外力入侵的中心❶，亦為西方文化輸入中國之門戶；一方面經過半個多世紀的經營，一躍而為我國商業經濟金融中心，非僅工業化程度為

❶ 從日俄戰後到一次大戰爆發前，是外資工業入侵最盛的時期，計一九〇五—一九一三年的九年當中，新建的外資工廠凡二四二家，而上海獨占八五家，約百分之三五。參閱張玉法，〈清末民初的外資工業〉，中研院近史所集刊，第十六期（民國七十六年六月），頁一三六。以棉紗業為例，上海的紗錠數在一八九五年，即約占全國總數百分之八三，之後雖漸減少，但一九二七年時仍佔百分之五四強。王業鍵，〈上海在近代中國工業化的地位〉，《中研院史語所集刊》，第二十九本（民國四十七年十一月），頁四六三，表三。

全國之冠，而且因為華洋雜處，彼此相激相盪，故不但大多數之新觀念、新風氣均發源於此，即許多新事業之創辦亦都肇始於此❷。

經濟現代化的特徵很多，大抵不出觀念方面、制度方面及經濟結構三大範圍❸；尤其觀念上的改變，更關係一切新事業的興替與成敗。對於一項新建設或新事業的展佈，無論是創意的提出或觀念上的贊成，無疑都是促成經濟現代化的先決條件。而在這一方面，商人與地方官員所扮演的角色，同樣舉足輕重；兩者相輔相成，彼此互利共榮。

就商人在經濟現代化所扮演的角色而言，上海的發展，在甲午以前應多歸功於傳統商人，如買辦、錢莊商人等；民初以後則應多歸功於新式商人，即具有現代化經營理念的商人❹。新式商人的經營理念及行事作風，頗與傳統商人有異。茲舉穆湘玥為例略加討論。為何以他

---

❷ 上海民族資本機器工業在一九一三年前夕，共有九十一廠。其中一八六六年到一八九四年的三十年間開設的共只十二廠。一八九五年至一九一三年的十九年間增設八十六廠（歇業廠七家未除），比一八九四年增加七倍。參閱中國社會科學院經濟研究所主編，《上海民族機器工業》（北京中華書局，一九七九年八月二版），上冊，頁一九五。

❸ 徐育珠，〈談我國經濟現代化〉，《幼獅月刊》，第四十一卷第一期（民國六十四年一月），頁六。

❹ 有關新式商人所具的特點，請參閱蘇雲峰，〈民初之商人，一九一二—一九二八〉；《近史所集刊》，第十一期（民國七十一年七月），頁五五。

做為討論對象？一者他係學徒出身並受過留學教育，頗具代表性；一是穆氏遺有《藕初五十自述》，資料集中完整，較易入手。本文之討論，較偏重一般經營理念的層面，並不擬多涉及工廠經營的實務層面，幸讀者諒察！

(二)穆湘玥的生平簡歷

穆湘玥（一八七六—一九四三），字藕初，江蘇上海浦東人。家世業棉，幼讀於私塾。一八八九年，依父親之意，入棉花行習業當學徒。一八九七年，始學英文。一九〇〇年，考取上海江海關供職。一九〇四年，加入滬學會，力倡武學，舉辦兵式體操。一九〇六年，任上海龍門師範英文教員兼學監。翌年，任蘇省鐵路公司警務處長。一九〇九年，以三十四歲之年齡，在親友資助下赴美習農。先後就讀於威斯康辛大學及伊利諾大學，一九一三年獲農學士學位，後入德州農工學院（Texas A. & M. College），次年獲碩士學位，返國後從事棉業。

一九一四年冬，得乃兄湘瑤（恕再、抒齋）之助，籌銀二十萬兩創設德大紗廠於上海楊樹浦，用英機器紡紗，有紗錠一〇〇〇〇枚；華商紗廠紡四十二支紗，自德大始。德大的產品曾在一九一六年的北京賽會上得到第一。一九一六年，於上海創設厚生紗廠，資本額一百一十萬，兩紗錠一六〇〇〇枚。翌年，約同聶雲臺等組織中華植棉改良社，刊佈《植棉改良淺說》等書，並購備大批美國種子，廣散各省；又購置美國鋸齒式軋花機，建設軋花廠，收購各地之改良新棉，以助推廣。一九一九年，於河南鄭州產棉區創辦豫豐紗廠，資本額二百萬兩，紗錠三〇〇〇〇枚。同年，任華商紗廠聯合會植棉委員會委員長，負監督指導之責，並委東南大學農科研究改良推廣棉業，迄一九二四年止。一九二〇年，創立上海華商紗布交易所，未幾成為全國花紗市場之中心，湘玥連任六屆理事長，直至一九二六年止，被譽為中國之棉業大王。一九二〇年，復捐資五萬兩，派遣學生赴美留學（著名者如羅家倫、段錫朋、康白情、汪敬熙等）。翌年，創設中華勸工銀行，資本額百萬元。一九二三年起，華商紗廠衰落，穆氏亦大受影響，所持紗廠先後易主，但仍任上海華商紗布交易所理事長。

由於湘玥經營實業有成，一九二〇年北洋政府農商部聘其為名譽實業顧問。一九二一年九月，承黎元洪總統任命為首席代表，出席在美國檀香山召開的太平洋商務會議。北伐後，一九二八年十二月，任國民政府工商部常務次長（部長孔祥熙）。一九三〇年十二月，工商、農礦兩部改組為實業部，遂改任實業部常務次長（部長孔祥熙），旋任中央農業實驗所籌備主任。一九三三年，任全國經濟委員會棉業統制委員會委員。一九三七年八一三滬戰開始後，任上海市救濟委員會給養組主任，為抵抗日本侵略者，解救戰火中的難民，湘玥四處奔走，不辭辛苦，為難民籌備給養。

上海淪陷後，穆氏將豫豐廠遷到重慶，任行政院農產促進委員會主任委員，指導改進手工紡紗，推廣定名為「七七」的棉紡機，於促進棉紗生產，供應抗戰軍需，頗著貢獻。一九四一年三月，任經濟部農本局總經理，負責棉花、紗布運銷之調濟，成效卓著。一九四三年九月十九日，病逝重慶，享年六十八歲。著有《植棉改良淺說》、《藕初五十自述》，譯有《工廠適用學理的管理法》、《中國花紗布業指南》等❺。

(三)穆氏現代化經營理念產生的時空背景

❺ 有關穆湘玥的生平簡歷，請參閱：

A.林宗杰撰，〈穆湘玥〉，《中國現代史辭典——人物部分》（臺北，近代中國出版社，民國七十四年六月出版），頁五七一。

B.《藕初五十自述》，張玉法、張瑞德主編，《中國現代自傳叢書》（臺北，龍文出版社，民國七十八年六月），第一輯。

C.李新、孫思白主編，《民國人物傳》（北京中華書局，一九七八年），卷一，頁二七〇－二七三。

D.果鴻孝著，《中國著名愛國實業家》（北京人民出版社，一九八八年六月），頁一三三－一五一。

E.李聞寬，〈懷愛國工商業家穆恕再、穆藕初先生〉，《上海文史資料選輯》，第五十三輯（一九八六年三月），頁二三一－二三二。

F.Howard, L. Boorman. (Ed.) *Biographical Dictionary of Republican China* (Columbia University Press, 1970), Vol. III, pp.38–40.

湘玥生長於清末內憂外患之際，創業於民初國事蜩螗之秋，外在惡劣環境的不斷衝擊和刺激，加上個人的種種際遇，不僅對他的一生行事有很大的影響，即於他現代化經營理念的產生，也有若干蛛絲馬跡可尋！他在國內的活動空間，並不限於有「十里洋場」、「外國冒險家的樂園」之稱的上海，也曾遠至北方南口（居庸關），對中國社會情況有過實地考察。出洋以後，他以美國中北部的密西根、威斯康辛與伊利諾三州為活動範圍，更曾遠至南部的德克薩斯州，參觀塔虎脫農場，從課室的切磋到野外的觀察討論，在在都可能激發他的新理念，而在返國後加以實驗應用。

一八九二年，藕初年十七，其父穆琢庵病故，從此家道中落，他與兄長湘瑤必須負起治家與奉養老母的責任，雖弱冠失怙，而有貧家子弟「非力役無以為生」的自覺，同時堅定了「為人子者，亦應善體親意，勤修苦讀，蔚為大器，舒展長才，顯親揚名，創立基業」的決心❻，其後更說出「奢侈乃自滅之媒，吾其救之以樸儉」❼這類刻苦磨勵，充滿奮發自立的話。

一八九四年中日甲午戰起，雖然當時的新聞傳播有限，而且報導多有失實之處，但湘玥最後還是知道了清廷戰敗，接受城下之盟的真相，因此心中大有言語難以形容的痛苦。由於年事尚輕，雖然還不能深刻瞭解，當時的中國為什麼那樣弱，外國又為什麼那樣強的原因。但是卻能體認到，要救國圖強，自己就必須努力學習，因為「不學則無知識，無知識則不知彼我之短長，無從與他

❻ 穆湘玥著，《藕初五十自述》，上冊，頁三。

❼ 穆湘玥，〈今日青年之任務〉，《藕初文錄》，上卷，《藕初五十自述》，下冊，頁八二。

國競爭」❽。藕初就在這國難深重、民族危亡之際，立下了學西學、救祖國、爭富強的決心❾。要學西學，首先必須掌握語言做為入門的工具，於是湘玥開始學習英文。一九〇〇年，他考入海關任職，前後達六年之久。在此期間，新知識逐漸增加，乃知海關主權完全為外人所把持，而且華洋人員待遇懸殊，勞役不均，由於羞惡之心所激，頗有告退關職，出洋研究經濟學，為他日收回關稅主權的打算。

一九〇一至一九〇二年間，新黨人物在上海大肆活動，對俄對日同志會等風起雲湧，而演說之風遂大盛。湘玥追隨其間，受其影響，遂聯絡同志數十人，每星期學習演說，為時一年，不僅練就了暢所欲言的口才，並去除畏葸羞縮的氣質。更重要的是，這也是他吸收新知最力的一年，「因講究赫胥黎（Thomas H. Huxley, 1825-1895）天演學等新學說，知淘汰之可畏，爭生存之必要，從自強不息中，鍛鍊出新吾來」❿。甲午戰後，這種「物競天擇，優勝劣敗」的「社會達爾文主義」思想瀰漫與衝擊著中國知識界⓫，也是藕初往後創辦企業時所不能不戒慎恐懼，全力以

❽《藕初五十自述》，上冊，頁六。

❾ 果鴻孝著，《中國著名愛國實業家》，頁一三四。

❿《藕初五十自述》，上冊，頁一〇。

⓫ 郭正昭，〈社會達爾文主義與晚清學會運動（一八九五－一九一一）〉，《近史所集刊》，第三期，下冊（民國六十一年十二月），頁五五七。

赴的爭存之道。

一九〇五年，因美國政府虐待華工事件，而發生幾乎遍及全國各城市的反對美國帝國主義運動。這次運動以商人抵制美貨為主要形式。是年六月，上海商務總會召集會議，喚起國人一致禦侮。湘玥時任海關總會董事之職，於是邀集海關郵政員工開會，積極響應商總決定，合力抵制。他認為，這次的抵制美貨運動，不僅是最文明最有效之經濟絕交，足以制強鄰之死命，而且能喚起國民自求多福之覺悟，開啟改良國貨仿造外貨之契機⑫。

一九〇七年夏，湘玥任蘇省鐵路公司警務處長，奉派至北方調查路警，曾至京張路線的南口。經由這次親自考察的結果，藕初始知「我國西北一帶，地廣人稀，只因開化較遲，而民間生活程度甚低，交通不便，貨棄於地」⑬。沿路調查所觸及的種種落後情況，震動了湘玥的心弦，改變他昔日研究經濟收回稅權的宿願，激起了他振興實業的觀念，定下了他研究農業的志向。這趟調查也讓他有機會走出叢林城市，真正認識到了廣大的中國農村社會，並回歸到傳統儒家的想法，體認到我國以農立國，「必須首先改良農作，躋國家於富庶地位，然後可以圖強；國力充實，而後可以圖存，可以禦侮，可以雪恥」⑭。

⑫ 〈藕初五十自述〉，上冊，頁一二。

⑬ 同⑫，頁一四。

⑭ 同⑫。

當然，藕初的現代化經營理念源自留美階段最深。一九〇九年夏天，湘玥得親友資助，如願到美國留學習農，先後就讀於威斯康辛大學、伊利諾大學及德州農工學院。他因年長才出國，故特別珍惜此一進修機會，除經常手不釋卷外，也比別人用心努力研究學術。先後追隨泰勒（Frederick W. Taylor）與吉爾培來（Lillian Gillbreth）兩教授研究科學的管理法，並參觀塔虎脫農場，乃是他負笈之旅的兩大收穫。由此可見，湘玥的經營理念，有理論的基礎，也有實務的經驗，並非憑空想像而來。更重要的是，若說穆氏的經營理念較同時代的商人更具「現代性」（modernity），則除了「外爍」的部分外，也有其「內發」、「內省」的一面，不可偏廢！

(四)穆氏的企業經營理念

透過《藕初五十自述》與《藕初文錄》，穆氏所展現的企業經營理念，頗為豐富而具多樣性，茲就其犖犖大端者，作一個綜述。

1 一般經營理念

(1)「商戰」觀念

穆氏在威斯康辛大學求學期間，某次與諸生追隨教習赴魔鬼山作地質調查，下山時同學因口渴莫不爭先恐後取水飲用。由飲水問題觸發他的「商戰」觀念。「商戰」觀念自十九世紀形成，因外力衝擊而產生，象徵中國知識分子的一種廣泛醒覺⑮。但藕初此時的想法，與清末鄭觀應、王韜、張謇等人之專講迎戰外國工商之衝擊，稍有層次上之不同。他所強調的是一種商業策劃之實施，「要在妙應時機，發在機先，投人所好，所出物品，為大眾所需要」。能若是，「則銷路自暢，門市無羅雀之譏，雖僅取薄利，而能日進紛紛，多量賣出，利潤之來，不求自至，此商戰中最要之一點也」。同時，他指出，商業之道，「不外乎供求之相濟。供求適合，則物價斯平，不致求過於供，供過於求，日趨極端」⑯。

(2) 振興實業之道

「商戰」對外表現在挽回中國利權之損失，以拯救中國之貧弱敗亡，對內則表現在振興實業。藕初本身創辦過實業，故對此有精到之見解。首先，他認為發展實業之原理，計三大端：(甲)原料之增殖及改良；(乙)製造之力求其精美；(丙)推廣銷路以杜卮漏⑰。有鑒於我國之實業，僅發達於上海、天津、漢口等口岸（因有外人保護），因此他主張，振興實業須著眼於內地。這是很有眼光的看法。他極痛恨軍閥政府不但不加保護，而且妨礙實業之發展，他這樣說：

---

⑮ 王爾敏，《中國近代思想史論》（華世出版社，民國六十六年四月），頁二六〇－二六一。

⑯ 《藕初五十自述》，頁三七－三八。

⑰ 〈組織華商紗布交易所釋疑〉，《藕初文錄》，上卷，《藕初五十自述》，下冊，頁一四四。

> 蹂躪地方之軍隊布滿全國，軍隊愈多，不但內地實業不振興，即各商埠甚願振興內地實業者，亦無從措手。況乎軍隊愈多，國事愈紛亂，貨物愈窒滯，而不易流通。⑱

對振興內地實業，湘玥提出兩個辦法：一方面應先推廣鐵道，更於鐵道沿線，廣闢大道，以便運輸；一方面改良農作，增進產量，「使內地金融，逐步呈活潑氣象，人民生計漸能裕餘，然後酌量各地情形，次第謀畫各項實業，農工並興，而商業亦隨之以發達矣！」⑲

穆氏對國內實業環境的習氣，也有一針見血的批評，他坦率指出，創辦實業者，「非失之於過闊，即失之過陋；非失之於過寬，即失之於過苛。過闊則母財易竭，過陋則出貨滯銷。過寬則股東之權利，一任經理之為所欲為，遂致破產。過苛云何，即股東投資後，起無限之苛求，顧自己一方面，而忘各方面，紛相汲引，植黨營私，眾股東各樹黨派，互相水火，而營業遂至破裂」。他進而強調，妒忌心是阻礙實業進行之一大障礙物，「惟忌，故不喜人之成功，卻喜人之失敗；惟忌，故不喜人之致富，卻喜人之破產；惟忌，故不喜人之得意，卻喜人之失望。忌心愈重，則機械心愈工，一切奸險之手段亦愈高，其結果將他人之長處善處，一筆抹煞之。短處壞處，盡情暴露之，一人如是，眾人同化，遂造成一萬惡之社會」⑳。湘玥嘗以中日兩國工商業家之程度及

---

⑱〈振興棉業芻議〉，同上，頁三六。

⑲〈振興實業之程序〉，《藕初文錄》，頁一六四。

學識相比較的結果，歸納出我國實業家之所以失敗，厥有四端：(甲)失之於傲慢；(乙)失之於疏忽；(丙)失之於舞弊；(丁)失之於倖求㉑。最後，語重心長的呼籲，創辦實業之人，去除「無常識、少精神、重意氣、輕血本」的大病，而改弦更張，「重信用、集資財、使學術、絞腦汁、奮精神」㉒。

穆氏這些「實業救時」，希望社會事業進步的主張，他的這一番道德性很強的實業南針，基本上仍是從中國傳統經典中淬鍊出來的，但配合上他的實務經驗，便顯得鏗鏘有力，而且切中時弊！

(3) 交通與實業

穆氏除上述主張推廣鐵路、廣闢大道以便利運輸外，對於交通便利與實業勃興的密切關係也很重視，他曾說：「以運輸貨物之交通言，則水運陸運之多滯阻，航權路權之相率旁落也，有一於此，皆足以陷商業於不幸之途！」所以他認為，交通事業不發達，不僅造成人民損失巨額金錢，「且足以致國家於貧困。受害者，固不僅商人，而商業上所受之痛苦，則尤顯著焉！」因此，他建議交通當局，為促進商業之發展，一方面可組織航業公司，推廣海外航線，以便國貨之直接輸出，一面改良國內航業，培養航業應用人才，力圖航業之振作。而在內地僻遠之區，則地方人士

⑳〈對於浦東實業之主張〉，同上，頁三九。

㉑〈對於中國實業破產之感言〉，同上，頁一〇二。

㉒同⑳。

應集資舉辦範圍狹小之交通事業，如北方及一切平原之上推行長途汽車，在南方及一切人煙稠密河流若織之區，推行小火輪或小汽油船。若能舉國一致，萬眾一心，從此便利交通上著手，「則產區百物，不致以無人過問而低貶，需貸之處不致以來源告竣而暴漲。」在穆氏看來，「便商即所以便民，裕商即所以足國。交通事業發皇之日，即其他凡百事業發達之日。」㉓從上引述可知，穆氏的識見與遠見，令人欽佩，尤其他那注意到中國地區的差異性所提的建議，更具有前瞻性。

(4)金融與實業

實業雖為社會所需要，然在在有賴金融之調劑。在創辦實業過程中，穆藕初還進一步認識到組織金融機關的重要性。他認為金融與百業發生之關係，「無異乎血脈與人體。血脈旺則人體健，金融流通無滯，而後百業始有發揮之餘地。」㉔穆氏縱覽世界各國歷史，有鑒於農工商百業發展之主因，無不以金融機關為入手先著，所以藕初也有開設銀行的計劃。民國十年，他主動集股一百萬元，在上海創設中華勸工銀行。他想透過它，「以求國內各小工業之發達，而後外來之劣貨，可無乘之隙矣！」㉕同時，穆藕初還指出，勸工銀行除一般營業外，還有幾項關係到振興國內實業的任務：一是對辦實業失敗而有經驗的國內外學校畢業的中國工科學生進行調查，並詳細紀錄

㉓〈交通與實業之關係〉，《藕初文錄》，頁五〇—五三。

㉔《藕初五十自述》，頁七九。

㉕〈勸工銀行與各小工業之聯繫〉，《藕初文錄》，上卷，《藕初五十自述》，下冊，頁一三六。

各人所掌握的專門知識及學歷，遇有機會，即介紹他們工作，使專門人才不致學非所用，長期湮沒；二是約請國內各地熱心實業人士，調查本地供工業原料的土特產品，以便使其產品物盡其用；三是調查海關進口貨物，使民眾了解國家資財外溢的嚴重性，以求補救的辦法；四是對全國已經設立的各工廠進行調查，了解它們各項工業產品的年產量，並對照每年進口的工業產品數量，找其最急需的進口產品，想方設法在國內生產，以達到抵制大宗進口的目的；五是邀請專門人才，擔任顧問工程師，各廠如需解決經營和技術問題，可向勸工銀行延請他們去解決；六是為了及時使民眾了解全國工業的現狀，勸工銀行還編輯出版了《勸工月報》，將調查所得資料及時公布出來，作為興辦實業的指南㉖。

一家私人開設的銀行，從事服務性的經濟調查工作，並肩負著振興實業的重大使命，此與劉鴻生之創辦中國企業銀行，為的是不要仰人鼻息，純粹便於各企業間資金相互調劑，並吸收游資以充實企業資金的來源㉗，實大異其趣。

(5)交易所

民國九、十年間，各業交易所如雨後春筍般競相怒發。穆氏對交易所的功能，大抵持肯定態

㉖ 同㉕，頁一三六—一三七；果鴻孝，前引書，頁一四四。

㉗ 上海社會科學院經濟研究所編，《劉鴻生企業史料》（上海，人民出版社，一九八一），上冊，（一九一一—一九三一），頁二九四。

度，認係實業界之輔助機關，因為「交通日便，營業之範圍日就擴大，營業之數量亦日見增加，貨價漲落難臆中，人心愈趨於險詐，舊式之信用擔保不恃，有交易所而後消息乃靈通，價格有平準。買賣交易，因價格之漲落，負方須繳追證金，而勝方之權利，因以固定，且買賣兩方，得做六個月之期貨，實業界可因此而得盤旋之餘地，事業賴以鞏固，而發展亦較易進圖也。」㉘

據穆湘玥分析，交易所於商業有二利四弊。其二利是：

(甲)兩方買賣，由交易所作中間人，為穩健之保證。倘一旦市情激變，對方不致受虧。而在交易所買賣者，又須具有實力，彼此交易，有實力，有保證，則正當營業，正可從此進逐步發展之軌道。

(乙)以本業中人主持本業貿易要政，消息靈通，時機不致坐失，規劃周密，市況得以保持，各本業自衛及力謀開拓之實權，完全在本業人手中，不致受外操縱與擠軋。

其四弊是：

(甲)交易所許非本業者作經紀人，啟業外投機之漸。

(乙)交易所雇員（包含理事長及常務理事）在本所私做交易，等於監守自盜。

(丙)交易所重要人物私設銀行，而任意挪移本所經濟者。

(丁)交易所主任將該所之股票，抵押於其自設之信託公司內。㉙

㉘《藕初五十自述》，上冊，頁七八。

穆氏最引為憂的還是，業外人的投機弋利，「勝則固可喜，髣髴上天之雨金；負則至可憐，動至破家而喪身」。基於這樣的體認，藕初將水火譬之交易所，認為水火於人有大利，一日不可或缺，然萬一不善用之，則「水多易溺，火烈斯焚」；交易所於人有大利，在商業上亦在所必需，然萬一不善用之，「則可以破壞信用，擾亂市面，為害亦非淺鮮！」㉚。因此他提出呼籲，願業中人多加利用，但盼業外人勿妄用㉛。

在實際行動上，面對棉紗價格受外人操縱，起落不定，致使不少國人經營的紡紗廠接踵倒閉的事實，為了尋求自保，穆藕初遂於一九二〇年冬集合同志六人，發起組織上海華商紗布交易所，資本額三百萬元，每股五十元，共六萬股。華商紗布交易所成立後，穆氏被推舉為理事長，並且多次連任。由於他經營得法，交易所營業頗為發達，當時曾成為全國花紗市場的中心，交易所的日交易額最高時，棉花達到三十萬擔，棉紗達到十五萬包，其交易金額多至四、五千元㉜。

(6)大公司的組合

穆湘玥是個具有憂患意識的愛國實業家，為了與日本競爭，他一再強調業者團結的必要，並

㉙〈論交易所之利弊〉，《藕初文錄》，上卷，《藕初五十自述》，下冊，頁一四七－一四九。

㉚〈華商紗布交易所新屋落成演說辭〉，同上，頁一五六。

㉛《藕初五十自述》，上冊，頁七九。

㉜同㉛，頁七七；果鴻孝，前引書，頁一四三。

倡議結合大團體或大公司來對付日本。穆氏認為，業者習慣相互攻擊，致失其團結力；因失去團結力，故大公司難以成功。即使幸而成立，亦終難收效。他以毛巾、花邊、織襪三業之失敗為例，主張聯絡川南及上海熱心實業之人，集資組織川南實業總公司於上海，設分公司於川沙、南匯、新場等處。據穆藕初的看法，組織此項總公司有以下五項利益：

(甲)躉買，以便零星小戶；

(乙)躉賣，貨價不至任人貶抑；

(丙)挑選，出貨方能精美，一者促工業進步，他方面使顧主樂用；

(丁)漂染，色澤力求鮮明，既易引起買客採用興致，更能幫助販戶流通無滯；

(戊)集合大團體，則資力雄厚，進可以得時機，退可以堅壁壘，與人競利，方可獨操勝算。[33]

由大公司而形成業者托辣斯，才能與日本競爭，這是穆氏的一貫立場。就紡織業而言，據藕初分析，日人業此者，類皆聯成一氣（其國內由無數小廠聯合而成九大公司）。各業如各聯隊一樣，長驅猛進，所向無敵。以我國異常渙散之商情，首當其衝，無一不摧枯拉朽然。據趙岡教授指出，日本紡織業在國際市場上的強大競爭力與他們優越的生產組織和運銷機構大有關係。在日本，大多數的棉紡織廠是掌握在幾個大公司的手裡。每個公司轄屬幾個紗廠，彼此分工合作。日本的紡織聯合會與棉布輸出組合，直接掌握了原料的採購及海外產品的推銷，無須再經過中介人

[33] 〈對於浦東實業之主張〉，《藕初文錄》，上卷，〈藕初五十自述〉，下冊，頁四二。

之手，成本因之大為減低㉞。故穆氏建議，仿照日本辦法，將各大埠紗廠，聯合成三數大公司，因為「資力愈足，則抵抗力戰鬥力愈大」，如是而後「原料品不受把持，製造品不受傾軋，迎機進取，與人角逐，則今後之恐慌，不難悉數掃除之」㉟。

2 科學管理方法

穆湘玥在美留學時，最推崇的就是泰勒及其所著的《科學的管理法》(Scientific Management)一書。對此，穆氏有如下的描述：

> 戴（按即泰勒，下同）君者，提倡科學的管理法之鼻祖也。戴君所著《科學的管理法》一書，出版僅二、三年（按該書出版於一九一一年），已譯成英、法、日、德、俄、荷蘭、西班牙等國文字者，達十餘國。余研究此項新管理法時，各國採用此方式實施於工廠管理上者，尚不多見。戴君之高足弟子吉爾培來（Lillian Gilbreth, 1878–1972）君，出身於污業，以其心得，著成《標準動作》一書，亦風行全球。余曾與戴、吉二君反覆討論，獲益甚多。回國組織甲廠時，即於百忙中抽出一部分時間，譯成華文，名曰《工廠適用學理的管理法》，

㉞ 趙岡、陳鍾毅合著，《中國棉業史》（聯經出版公司，民國六十六年七月），頁一二三—一二四。

㉟ 〈今後東方紡織業競爭之大勢〉，同㉝，頁四三—四五。

由中華書局出版印行。十餘年來，全球各工廠，幾無一不採用此最新進步之管理法。㊱

所謂管理，是運用規劃、組織、指導、協調、控制等基本活動，創造並維持機構的良好環境，使其中所有人員（manpower）、金錢（money）、物料（material）、機器（machine）、方法（method）等構成要素，獲得有效利用，以順利實現團體目標，促進組織成員的自我實現，並達成特定的使命㊲。受到泰勒與吉爾培來的啟發，藕初返國創辦實業時，也特別注重管理法。首先，他強調，「創辦大規模之工廠，管理法為最要之一點」㊳，又說：「實業家所最應注意者，則管理法是也。而管理法之要旨，則場廠總理應熟諳全部分之手續，庶幾有利則興，有弊則革，用人行政，均得其宜。」㊴

穆湘玥很讚賞美國塔虎脫農場的經營，特別是能以科學方法進行管理，因此農場的各方面都能做到井然有序。相反的，他認為國人素乏自治才能，自治尚且不暇，焉能管理人，所以管理之才最為缺乏。他觀察我國實業之失敗，其與管理有關者三：

㊱ 《藕初五十自述》，上冊，頁五一。

㊲ 曾仕強，《中國管理哲學》（臺北，東大圖書公司，民國七十二年出版），頁二〇—二一。

㊳ 同㊱。

㊴ 〈中國實業失敗之原因及補救方法〉，《藕初文錄》，上卷，《藕初五十自述》，下冊，頁一一一。

(甲)總理無學識經驗，與事隔膜，不問其能否專心致志辦事，而使事業失敗。

(乙)國人愛排場，重情面，一廠之設，尚未開張交易，而噉飯之閒雜人惟恐不多，與衙署相伯仲，致事業不興，此失於過寬也。

(丙)間有苛刻之輩，以扣減薪工為能事，但求有形之減省，罔知無形之消耗。蓋刻減薪工，大非工人之所樂，工人而不能樂其業，則惰心生。惰則出貨遲而成本遂加重，此失之於過嚴者。㊵

泰勒的目標是最高效率工作和最高生產。在此前提下，他把人與機器看成同等地位。機器如果予以潤滑，善加保養，它就順利運轉。工人也一樣必須給予良好的工作環境，施加合適的訓練，並且給予相對的工資。泰勒認為工人會自動把工作做得很好，事實並不盡然。泰勒自認為是工人的朋友，但工人卻把他當成大敵，因為在效率的大前提下，他們的健康會受到損害，也埋葬了自由，最後還有許多人被解雇。所以後來美國有一股反對科學管理的風潮，部分美國人認為科學管理是資本家壓榨勞工的工具，他們指責科學管理野蠻、不人道㊶。穆氏雖師承泰勒，但能注意工人之所樂，把人當作有感情、有情緒，也有智慧的動物，不以機械的方法來解決人的問題，顯然已較乃師高明。

在經營紗廠的過程中，穆藕初認識到，要使工廠生產能適應競爭，能達到質與量的要求，並

㊵ 《藕初文錄》，上卷，《藕初五十自述》，下冊，頁一一一。

㊶ 邱吉雄譯，《企業管理的重要概念》（臺南，王家出版社，民國七十七年九月），頁一四—一六。

確保工廠得利，就必須經營合理；而要使企業經營合理化，又必須利用科學的原則和方法，即科學管理。穆氏經過研究和實踐，曾將這種科學管理的原則歸納為五個方面：一是紀律化，他說工廠要有軍隊的精神，一切工作的進行及其配合都得要遵守著一定的規律，因為假如工廠沒有規律，一個人或一局部的散漫鬆懈便足以牽動全部生產。要進行科學管理，首先便要提高工廠一切動作的紀律。二是標準化，他認為工廠生產的標準化是科學的表現，當今從事近代化的大生產，標準化尤是不可缺少的條件。三是專門化，他指出，這種近代產業分工是一件事，而合理的分工是增進生產效率的必備條件。四是簡單化，這乃是把一切不要緊的步驟，加以合併和裁減，太瑣碎的手續盡量簡化，這實際上正是專門化的補充。必須盡量使工作專門化而同時又不要太瑣碎，才能發揮效率。五是藝術化，即增強勞動者對生產的興趣，這樣工作效率就自然能夠提高㊷。

管理是一門大學問，尤其想以科學方法進行管理，達到最佳效果，必須若干要件配合，始能更臻完善。從現代管理大師彼得．杜拉克（Peter F. Druker）到有臺灣「經營之神」之譽的王永慶，對此都有不同的論列，然其精神與穆藕初並無二致。

3 新穎的行銷觀念

行銷(marketing)與我們日常生活息息相關，不是單指銷售(selling)與促銷(promotion)。根據行

㊷ 果鴻孝，前引書，頁一四〇—一四一。

銷學泰斗寇特勒(Philip Kotler)的說法，其定義乃指經由交換過程以滿足人類重要需要與欲望的活動㊸。更清楚的說，行銷是一種綜合的商業活動過程，包括產品計劃、訂價、配銷通路與促銷或各種勞務之提供，來滿足現在消費者或使用者的需要㊹。

商場如戰場，商情的蒐集、研判與運用，乃是企業成功的先決條件。「無資訊」(un-informed)形同盲人騎瞎馬，難免主觀臆斷；「資訊不足」(under-informed)則可能造成摸象推斷，唯有「充分掌握資訊」(keep-informed)或「精通善用資訊」(well-informed)，才是在市場積極有力競爭的充要條件㊺。茲擇其與本題相關者，分述如下：

(1)注重市場調查

市場調查雖不直接屬於行銷的範疇，但有關資訊的蒐集和運用，卻有助於了解市場的需要，做為產品計劃、訂價、配銷通路與促銷的先決條件，故於此討論。

穆藕初曾說：

> 凡百事業之最大缺點，在乎無調查。無調查，則此盈彼絀，不相調劑。商業中人大都昧乎

㊸ Philip Kotler原著，梁基岩譯，《行銷學要義》(臺北，曉園出版社，民國七十八年二月)，頁二—三。

㊹ 江顯新，《行銷學》(臺北，三民書局，民國七十八年十二月)，頁三。

㊺ 林建山著，《商情預測——技術與實務》(臺北，環球經濟社，民國七十三年五月)，〈自序〉，頁三。

供求之比例，暗中摸索，類無把握，事業之盈虧，付之天命。[46]

這就是平素不注重商情蒐集，不講求資訊的一種摸象作法。

有鑒於國人創辦企業，「向來徑情直往，事前不知調查與考慮，貿然從事，昧於商業之需求，徒自熱心而虛擲金錢，損失個人之富力」，穆氏特別重視市場調查。他認為在未組織此事業之前，「必須精確調查，一國多國，乃至全世界人眾需要之所在，然後進行之，庶幾成功多而失敗少矣！」[47]他以自己所創辦的甲乙兩廠為例，即曾先對原料與人工市場做過調查，「務求來源出路，節節靈通，更益之以充分之人力」[48]，方才著手。

湘玥在自辦甲乙兩廠後，又從調查得知，上海各廠所用較好之原料，惟通（州）、崇（明）、海（州）三屬產品是賴。惟一旦歉收，紡織界所蒙受之損失便很大，「而鄭州地當中樞，陝西山西兩省所產棉花之由此東下者，為數甚鉅。且其地介於京漢隴海兩路線之間，東西南北，四路暢通，交通便利，銷場甚佳，煤斤勞力，色色較廉」[49]，故考慮另在鄭州添設支廠製造，如此不但

---

[46] 〈振興棉業芻議〉，《藕初文錄》，上卷，《藕初五十自述》，下冊，頁一二一。

[47] 《藕初五十自述》，上冊，頁三八。

[48] 同[47]，頁六六。

[49] 同上注。

能就近供給，諸多便益，且中鄭二廠聯為一氣，原料金融，互相調劑，利賴孔多。

穆氏復認為，欲振興棉業，必須先從調查做起，對各地方產額詳細調查，刊布報告，並研究其出路及各地種植貿易、關稅交通等種種情形，「俾製造家得按圖索驥，而入於商競軌道中」[50]。藕初之設立中華勸工銀行，其主要計劃便包括調查工作，可見他不但以言辭鼓吹，而且真正身體力行。

(2) 商品陳列所的設立

穆藕初以為，商家之命脈，既在商品，對商品如何因時制宜加以改善，如何不斷推陳而出新，從比較與研究中促成農產工藝之進步，這是商業家應盡的天職[51]。而商品陳列所的設立，正是一面促銷產品，一面改良進步的一項前瞻性做法。

商品陳列所的設立，在先進國為習見之事，在我國則不多見。根據穆氏的看法，成立商品陳列所，至少有下列幾個優點：

(甲)使內地一切適用之出產品，得方便推銷之機會，因為這些產品一入陳列所，「凡有目共賞之物，自然不翼而飛，招產地之富源，增市場之光彩」。

(乙)出品家在「不怕不識貨，只怕貨比貨」的情況下，不得不力謀改良，益求進步。

---

[50] 同[46]。

[51] 〈商品陳列所序〉，《藕初文錄》，上卷，《藕初五十自述》，下冊，頁二〇四。

㈤因羅致各國精華以資考鏡，可以喚起生產家奮鬥之精神[52]。商品陳列所，以今日眼光視之，具有展示新產品，刺激消費者購買慾，與業者間相互觀摩競爭等多元功能，故甚受有行銷觀念的穆藕初之讚賞，譽為「一切出產品改良策進之動機」。

4 重視研究的精神

研究的目的在不斷改進產品的品質，提升其於市場的競爭能力。職斯之故，歐美及日本許多大公司都設立研究與開發部門，在這些部門工作的科學家和工程師執行科技瞭解的工作，以便在技術上有所創新和改良。

比較而言，穆藕初認為西人與日人極重研究，故「理想與現實融通處多，扞格時少」，而國人則不重視研究，無時間研究。穆氏甚至把國人無時間研究，列為我國生產力低落的三大原因之一。他感慨系之的指出，國人「大抵飽食終日，無所用心。……其所謂機智而又薄有才能、薄有資力之人民，無男女無老少，相率圍坐，從事賭博，無晝無夜。……且空擲大好時光之事，正不止此。如自號達人之輩，不惜以社會高級之人，相率冶遊。景況稍寬之家，醉心戲劇，推而至於杯中醇酒，口裡捲煙，何莫非剝奪社會金源，戕害國家元氣之事，嗚呼國民！以無時間研究，故竟浪費千金一刻之時光，曾泥土之不若，民德墮落，一至於此，能勿痛歟！」[53]

---

[52]《藕初五十自述》，下冊，頁二〇五。

穆氏之重視研究，推動研究，大致可從理論與實踐兩方面加以探討。

在理論方面，穆藕初除因創辦工廠之需要，將乃師泰勒所著《科學管理法》一書譯成中文，改名曰《工廠適用學理的管理法》外，並因組織植棉改良社之故，著《植棉改良淺說》一書，印行萬冊，分發給棉農，藉以指導他們種植棉花。此外，美國農部調查員克雷克君，曾著《日本紗布業》一書，詳述日本棉業發達史，調查精確，深中窾要。藕初於百忙中抽暇迻譯，費時十月，並於特殊要點之處，附加按語，鍼砭我國棉業之腐敗及種種應行改良方法，俾我國紡織界有所取法，書名叫《中國花紗布業指南》[54]。藕初譯述是書有很深的用意，要以之做為中國紗布業的「警鐘」和「明鏡」。他強調，「不聽警鐘，不足以破妖夢；不臨明鏡，不足以照妍媸」。所以閱讀該書後，將有以下幾大收穫：

(甲)閱此書而知海權在握之必欲，定生死於條件以內，有契約即當確守。

(乙)閱此書而知合同訂立之宜慎，去土貨之束縛，拒客貨之侵略。

(丙)閱此書而知貸借金錢之權宜接濟，不若公積折舊之堅築根基；一度凱奏，必得如許新市場。

(丁)閱此書而知國民宜勇於公戰，樂於輸餉，投機事業，原不出諸大商行。

---

[53] 〈實業與教育之關係〉，同上，頁一一九－一二〇。

[54] 《藕初五十自述》，上冊，頁五七。

(戊)閱此書而知居易者克守恆業，行險者每至破家。[55]

就實踐方面言，藕初在美國德州之農工學院進修時，便全力注意於植棉及紡織。回國後即籌款組織紗廠。惟紗廠雖係要事，但棉質不改良，紡織事業亦難求充分之發展，故就上海附近之引翔鄉，向郁屏翰租地六十畝，設立植棉試驗場，從事於改良棉質之研究，其目的在別選優良種子，提倡移植美棉。移植美棉，並非自穆氏始，張之洞、張謇早開先例[56]，惟上海為全國耳目所屬之地，其提倡之影響，神速而廣及，較勝於他處，故頗收改良與推廣之效。

民國六年，穆氏與聶雲臺、郁屏翰、吳善卿、黃首民等組織中華植棉改良社，是為中國民間提倡棉種改良的第一個組織，推郁屏翰為名譽社長，刊印《植棉改良淺說》及各種印刷品，並購備大批美國棉種，分給各省試種[57]。穆氏又購置美國鋸齒式軋花機，建立軋花廠，優價採收各地之改良新棉，以資發展，藉資提倡。後由聶雲臺等組織紗廠聯合會，民國八年於紗廠聯合會內添設植棉改良會，穆氏雖被舉為植棉委員長，但以身兼兩廠，事務繁忙，遂代聘過探先主持推廣全國植棉事業。先就江浙直鄂豫湘設場十六處，年需經費萬兩。厥後場務日漸擴展，需才甚多亦甚

---

[55] 〈中國花紗布業指南自序〉，《藕初文錄》，《藕初五十自述》，下冊，頁二〇二—二〇三。

[56] 趙岡、陳鍾毅合著《中國棉業史》，頁五一。

[57] 劉翠溶，〈中華植棉改良社〉，《中國現代史辭典——史事部分(一)》（近代中國出版社，民國七十九年六月），頁二七〇。

亟，過君勢難獨任，爰於民國十年起迄十三年止，每年由紗廠聯合會捐洋二萬元，津貼東南大學農科，擔任植棉之推廣，由該科主任鄒秉文與過探先共同主持[58]，對於我國植棉事業之發展，實有相當之貢獻。

5 論人才

穆藕初討論人才的篇幅甚多，可見他對人才的重視。首先，他對人才的重要性，有極為中肯的看法。他說過：「人才為國家之元氣」[59]，「人才與國運有密切關係」[60]，「人才為事業之靈魂」[61]等擲地鏗鏘有聲的話。在一篇〈惜人才〉的專文中，湘玥特別強調，「國無人才，國將不國，才而不用，或用違其才，皆非愛惜人才之道」[62]。

基於上述，物色人才與善用人才，為實業家之首務，「惜才為培養之原」。他以為，我國可說無地無才，但在「國事如累卵，民生日益凋敝」的情況下，人才為何與古人相較有遜色，對先進

[58] 《藕初五十自述》，上冊，頁六三—六四。
[59] 〈箴青年〉，《藕初五十自述》，下冊，頁七八。
[60] 〈派遣女學生出洋遊學意見〉，同上，頁八七。
[61] 《藕初五十自述》，上冊，頁八三。
[62] 〈惜人才〉，《藕初文錄》，上卷，《藕初五十自述》，下冊，頁一八一。

望塵莫及，主要便是不愛惜人才所造成的。他心痛的指出，不珍惜人才的五種情況是：㈠生計艱窘足以消磨人才；㈡學非所用足以埋沒人才；㈢政黨傾軋足以排擠人才；㈣長官傲慢足以壓抑人才；㈤政府失信不足登庸人才[63]。這真是一針見血的高論。

從事現代化的企業經營，無論管理、調查或研究，在在非人才不可。此處所需要的並非那種不能從容應付新機運的舊人才，而是受過專門訓練的專門人才、管理人才和科學人才。穆藕初最感嘆的就是專門人才、管理人才的缺乏，他嘗謂：

> 無論何項事業，苟無專門人才主持之，斷乎不足與言進取，而收終局之勝利也。[64]

他以塔虎脫農場為例，認為農場之所以興旺發達，共有九個原因，其中之一便是農場用人得當，「各場廠主任部長，皆係畢業專門人才，出其所學，各司其事，為事擇人，無復素戶位之譏，有措置咸宜之象，故成效速」[65]。

藕初甚至把我國工業之未能有大發展的最主要原因，歸咎於缺乏專門技術家，無從訓練管理

---

[63] 同上，頁一八二－一八三。

[64] 〈振興棉業芻議〉，同[46]，頁三三－三四。

[65] 〈遊美國塔虎脫農場記〉，《藕初文錄》，上卷，《藕初五十自述》，下冊，頁四。

之，致工人不稱職，工作不良。就紡織業而言，他指出有三可慰（原料取給便利、市場廣袤、傭工易得工費較省）與八可危，而把專門人才的缺乏列為八可危之首，並呼籲努力培植專門人才，以收督察指導之功於未來[66]。

穆氏同時指出，我國一般之人，具管理之才者最為缺乏。即實業學生於受學時期亦往往不注意於此，迨回國辦事始覺左支右絀，處置為難。他進一步分析：

實業界適用人才，約可分為甲乙兩種。甲為科學人才，乙為管理人才。科學人才為技術家，占製造上重要地位，凡原料之配合，出品之快速與優良，皆彼之所有事。一廠中至少得此項人才一、二人，多至七、八人不等。管理人才在事業管理上所占地位，尤為重要，凡增進精良之產額，節省無謂之消費，直接發展工場之隆運，間接開拓國家之富源，皆此項人才之所有事。自經理以下，如經濟部、貨物部、機械部、儲藏部、勞作部、雜役部，以迄稽查、督率、裝璜、輸送等各部分，在在須相當之人，設或一部分弛其職守，而全局蒙其痛苦者有之。是管理人才所負責任為至重也。僅僅有科學人才，而缺乏管理人才，其失敗仍不免。得管理人才，即使科學人才一時未得相當之人為之輔助，事業上固屬缺憾，然以管理得人故，竟能措施合宜，立足於不敗之地，管理人才之需要也有如是。[67]

[66] 同[64]，頁三〇。

穆氏的這套管理至上，以之承擔企業興衰隆替的哲學，無疑師承自美國科學管理法鼻祖泰勒，當然有其一定的可信度。我們承認，優秀的工程師不一定是好的管理人員。企業管理是另外一門獨立的學問。但泰勒假定工人是獨立的個體狀態，每個工人都會作理性的思考，而且會有自私的表現，只關心自己的利益。根據霍桑調查(The Hawthorne Investigation)，已經證明這種看法是錯誤的(68)。換言之，從泰勒到穆湘玥，過分迷信管理的成效，把人與機器看成同等地位，而不重視人的尊嚴，也有其弊病存在。

人才是組織工廠之首要條件，也是工商家發皇其業務之要圖。那麼，人才從何而來？穆藕初的答案是教育。據其看法，「他國實業人才之隆盛，賴平等之發育與儲備。吾國實業人才之缺乏，因平素不知所以發育而儲備之。窮源竟委，當歸咎於教育之不修，不播佳穀，不費耕耘之勞，而望此後之豐收」。他把實業人才區分為三種：其一為不必依賴教育之天才，如鋼鐵王、銀行王等是；其二為富有組織能力之中堅人才；其三為實業界各部分克盡厥職之輔佐人才。此第二、三兩種人才，恆可由人力培養成之，實為實業界之主要人物。國家之康強，社會之富裕，胥出此輩人才之手。所以，穆氏的結論是，教育之興替，關係實業人才之盛否(69)。

(67)〈學理的管理法自序〉，《藕初文錄》，上卷，《藕初五十自述》，下冊，頁一九八—一九九。

(68) 邱吉雄譯，《企業管理的重要概念》，頁三一。

(69)〈實業與教育之關係〉，《藕初文錄》，上卷，《藕初五十自述》，下冊，頁一二二。

有了這個認識，穆藕初對教育十分重視，對培養人才也不遺餘力。在企業家所從事的社會事業方面，他雖不如張謇、劉鴻生、榮宗敬等人設立學校，長期有計劃的培養人才，但他曾於民國九年捐資五萬兩，派遣學生赴歐美求學，不限省分，不限科目，以男生而道德能力與學問並佳，日後堪為各界之領袖者為合格，請北大校長蔡元培主其事，教授蔣夢麟、胡適之、馬寅初等輔助之[70]。受惠者有北大畢業生羅家倫、段錫朋、康白情、汪敬熙（緝齋）等人。所可惜者，這些人當中仍以學者教授居多數，似無實業界領袖在內。

(五)結語

穆湘玥是個勤奮向上，重視新知識的第二代本土企業家，自美學成返國之初，適逢一個巨變可以大有作為的時代。緣第一次大戰爆發後，我國民族棉紡織工業獲得了暫時的發展，各紗廠無不利潤優厚，並在厚利的刺激下，紛紛擴大規模，興建新廠。從一九一五年開始，穆藕初僅用了六年的時間便親自創建了德大紗廠、厚生紗廠和豫豐紗廠。並且創辦了華商紗布交易所和中華勸工銀行。此外，一九一九年開工設在上海的恆大紗廠和維大紡織用品股份有限公司，均有他的投資。這一時期，真可稱為他興辦實業的黃金時代[71]。但因擴充過速，財務不健全，企業基礎不穩

[70]《藕初五十自述》，上冊，頁六八。

固，各廠的壽命並不長，整體的企業經營成績並不很成功。

果然好景不長，自一九二二年起由於日本在華各廠的激烈競爭，因為帝國主義的經濟侵略再現，迫使我國紗廠難以維持，危機重重。當棉業境況日趨衰落的時刻，穆藕初寫道：

> 及至紗市衰落，余所受不堪之情況，雖罄南山之竹，不足以描寫其萬一。[72]

他的這般處境，也正是許多民族實業家處境的真實寫照。

明乎此一前後時代背景，吾人始能對穆藕初的各項經營理念，有更深一層的認識。由於親身體驗到外國帝國主義，尤其是日本的壓迫和競爭，論穆氏的企業經營理念，其焦點始終環繞在如何振興國內實業上，時時刻刻以國家民族的前途為念。譬如他的注重科學管理方法，重視研究發展與人才培養，講求行銷與調查等想法和做法，莫不以發展國內實業為前提。他之發起組織華商紗布交易所，主要在保護中國民族廠家的利益；他之設立銀行、倡議大公司的組合，無一不是為了抵制外貨的大宗進口，與強鄰日本競爭。

穆藕初是個國家意識特別濃烈的實業家，他處處以中國之富強為念，他之努力振興棉業，便

---

71 果鴻孝，前引書，頁一四五。

72 《藕初五十自述》，上冊，頁八七。

是為了「救國、救貧」，造福鄉梓。他呼籲國人團結協力，以對抗外人的處心積慮，謀我中國。正因為民初上海商人有這種「學西學、救祖國、爭富強」的不服輸心理，加上注重科學管理方法，重視研究發展與人才培養，講求行銷與調查等現代化經營理念，故使上海的工商業發展處處「妙應時機」，具備了敏銳的市場嗅覺，扮演了舉足輕重的地位。

（原載中央研究院近代史研究所編《中國現代化論文集》，民國八十年三月）

肆　抗戰救亡

五　抗戰初期上海對變局的肆應

(一)前言

抗戰是近代中國史上，耗時最久、戰區綿延最廣、犧牲最為慘重、最為悲壯的一場生死搏鬥。八年抗戰損失之大，在中國歷史上更是空前僅有的。一、二千萬軍民同胞的死亡固是最直接而最易見到的犧牲，百年積累的建設幾乎燬於一旦，也是可以計算的。特別是經過這一番浩劫，中國幾乎到了前功盡棄的局面❶。

而上海乃世界聞名的工業都會，是全中國最大的港口城市暨產業基地，她的近代化起步最早、程度最高，又是最大的多功能經濟中心，更有所謂「資本主義世界中的東方心臟」之稱呼❷。上

❶ 許倬雲、丘宏達主編，《抗戰勝利的代價——抗戰勝利四十週年學術論文集》(聯經出版公司，民國七十九年九月初版)，許倬雲代序，頁iii。

海在抗戰歷史地位之所以重要，至少有三方面可加以說明。第一、七七事變固然起於蘆溝橋，但全民抗戰卻始於八一三淞滬之役。國軍在戰略上主動選擇經濟中心、國際都市、能影響視聽之淞滬地區，作最英勇、最頑強、最壯烈之抵抗，並誘使日軍以東戰場為主戰場，作戰線由自北而南改為由東向西❸，且與日軍僵持三個月，粉碎了敵人「三月亡華」的夢想！第二、現代戰爭不僅僅是單純的軍事戰，而且是包含著政治戰、文化戰、經濟戰等為主的總體戰，尤其是經濟力量到最後關頭往往決定戰爭的勝負。上海在經濟力量和人力資源方面，同樣可以扮演，也必然扮演舉足輕重的地位。第三、現代戰爭，尤其是對日抗戰，既是一種總體性的戰爭，便要講究全國動員、群眾動員，明恥教戰，以達到蔣委員長所呼籲的「地無分東西南北，人無分男女老幼」全民抗戰的動員號召。中國近代以來許多禦侮攘外戰爭之所以節節失利，殆與戰爭通常局限為統治階層或某一軍系，甚至某一地區或某一教團的戰爭，難以激發全國上下、不分階層的全面抗敵意識和行動有關。上海在這次群眾動員方面，可以說不分黨派，無論士、農、工、商、婦女或青年學生各階層，甚至宗教團體，都有良好的表現。基於上述三點，可以肯定的是，上海地區在抗戰初期對變局的肆應，對抗戰民心士氣的鼓舞乃至持久戰的維持，均產生了積極而正面的效果，故值得專書。

❷ 參閱于醒民、唐繼無合著，《上海：近代化的早產兒》（臺北，久大文化公司，一九九一年三月出版）一書。

❸ 宋長志先生在民國八十四年七月七日「抗戰勝利五十週年紀念」學術專題座談會講稿，頁三。

文探討。

本文的時間斷限，大抵上起七七事變、八一三淞滬戰爭，下至十一月十二日上海淪陷為止。至淪陷後的「孤島」時期或汪政權成立後的汪偽時期，因篇幅所限暨資料仍有不足，不擬在此討論。在內容方面，本文的切入點，將不在重述以國軍為主力的軍事抗日行動，而多探討由官方或半官方發動，帶有民間充分參與，自動成分較高的同仇敵愾活動，如此或更能清晰地窺知，上海人與上海地區對抗戰變局肆應的各項鮮活紀錄。至財金方面之穩定措施與外籍人士的態度和參與，因與題旨稍有不同，不擬討論。

(二)文宣與動員

抗戰一役，乃中華民族存亡絕續的重要關鍵。國民政府以全民團結相號召，各黨派亦以共赴國難而支持政府❹。八月十三日，日本軍隊向上海進攻，政府調動了七十萬軍隊，進行了淞滬抗戰。十一月十二日，上海淪陷。這段時期，上海地區首先在黨政力量結合，由上而下的發動下，掀起了「動員民眾，組織民眾」、「保衛大上海」的全面抗日救國運動。以下分組織動員、群眾動員、勞軍捐款、文化救亡四方面，稍加說明。

❹ 李雲漢，《中國近代史》（臺北，三民書局，民國七十四年九月初版），頁五三一。

1 組織動員

相對於九一八時期，此時政府對抗日態度已有較為明確的宣示。國軍之堅守上海，除恪盡守土之責外，尚有兩項目的：一為掩護長江下游各地工廠資源之內遷；一為希望國際聯盟於十一月召集九國會議討論中日衝突時，能立於較有利之地位❺。故在文宣上不再避諱，茲分述如下：

(1)七月廿九日，蔣委員長為日軍全面進攻平津地區發表演說：

處此祖國之存亡關頭，……惟望全國民眾，沉著謹慎，各盡其職，共存為國犧牲之決心。❻

同日，立法院長孫科在上海接見記者時表示：

今日唯一出路，為全面抗戰；必須使全國抗敵民氣能充分發揚，庶國力充分鞏固，爭得最後之勝利。❼

❺ 同前書，頁五一八。
❻《申報》，一九三七年七月三十日。
❼《新聞報》，一九三七年七月三十日。

在華北二大名城平津失守後，蔣委員長復於七月三十一日發表《告全軍將士書》，很沉痛的宣告：

現在既然和平無望，只有抗戰到底，那就必須舉國一致，不惜犧牲，來和倭寇死拼！❽

從上海來看，上海市長俞鴻鈞、市黨部主委潘公展、警備司令楊虎、警察局長蔡勁軍等，都多次發表了一些抗日言論。潘公展並撰〈中國不亡論〉一文，以抗戰必勝，激勵民心士氣❾。又上海市商會主席王曉籟於八月十二日在中西電臺發表廣播講話說：「現在真到了最後關頭了。每個人只該埋頭工作，有力的出力，有錢的出錢，我覺得為了國家，流血、流汗、捐錢、捐物，都是最光榮、最有價值的行動。」呼籲「居於斯，食於斯，長子孫於斯」的上海市民，「全力保衛上海」❿。這與民國二十一年的一二八抗戰前夕，王曉籟到十九路軍陣地，要求「顧全大

❽ 李雲漢，前引書，頁五一六。

❾ 毛知礪撰，〈潘公展〉，《中國現代史辭典——人物部分》（近代中國出版社，民國七十四年六月），頁五〇八。

❿ 上海社會科學院歷史研究所編，《八一三抗戰史料選編》（上海人民出版社，一九八六年五月出版），頁三一三。

局，不要衝突」的態度相比，有了極大的改變。

(2)國民政府頒布了一系列有利於抗戰的法令與條例。例如八月二十四日公布的「戰時軍律」及「施行條例」，規定對無故棄守要地，臨陣退卻，降敵通敵者處以極刑；八月卅一日頒布「食糧資敵治罪暫行條例」，規定對以食糧及其代用品資助日軍者，均課以重刑。九月四日，又公布修正了「危害民國緊急治罪法」，增加了懲處漢奸通敵者的內容。此類法令的頒布與執行，多少鼓舞了民眾投入救亡運動⑪。

(3)此外，國民政府為利於國際輿論之同情中國抗戰，對民眾運動採取比較寬鬆的作法，例如允許一些救亡團體備案登記後，可合法地從事活動，另共產黨在上海發行的刊物，如《救亡日報》、《救亡週刊》、《戰時婦女》、《戰線》等，也准於公開出版發行。國民黨當局也出面組織或派人參加了一些救亡活動。

「八一三」之前，國民黨上海市黨部、社會局會同一些民間團體發起成立了各界抗敵後援會，潘公展等人還擔任了市文化界、教育界、職業界等救亡協會中的職務，這也有利於民眾救亡活動能在合法的形式下開展，並得到一些經費和物質條件的資助。國民黨當局還出面發起了一些活動，從九月一日起開始發行五億元救國公債，就是以上海地區為主的。國民黨上海市黨部還發起了些

⑪ 鄭燦輝、吳景平，〈試析上海八一三抗日救亡運動的歷史特點〉，《上海師範大學學報》（一九八六年一月），頁一二三。

募捐、慰勞、演講、對日經濟絕交、紀念「九一八」六週年等運動，這些組織動員在客觀上有利於救亡運動的開展⑫。

相對於國民黨，共產黨也在上海發起籌建各界救亡團體，發動和組織民眾投入救亡運動。對於共產黨而言，上海市民抗戰情緒激昂，對於動員民眾與擴大黨在群眾中的政治影響，是個有利的工作環境。因此，當時共產黨的工作基本任務是，在保衛上海的共同目標下，切實與當局及各黨派合作，把上海廣大市民，特別是基本群眾迅速組織與動員起來，爭取抗戰勝利⑬。

在淞滬戰役前後，共產黨透過宋慶齡、何香凝、鄒韜奮、沙千里等所謂「進步人士」和原救國會領袖的帶動下，與上海的文化知識界建立統一陣線，在組織民眾、動員宣傳民眾投入救亡運動方面，產生了積極的推動作用。早在七七事變爆發之際，周恩來趁赴廬山之便路經上海，曾與上海地區共產黨的負責人潘漢年、劉曉進談話，對上海地區的抗日救亡運動作了三點具體指示：(1)要依靠群眾的力量揭露國民黨的反動本質，把抗戰變成真正的抗戰；(2)充分開展抗日民族統一戰線的工作，以文化界為基礎，搞好上層進步人士的統戰工作；(3)要充分利用上層的合作關係，廣泛地聯繫群眾，建立群眾組織，開展既是合作也是群眾性的抗日活動⑭。

⑫ 同⑪。

⑬ 《八一三抗戰史料選編》，頁三四—四一。

⑭ 鄭燦輝、吳景平，前引文，頁一一九、一三二—一三三。

中國青年黨的抗日，由來已久。民國二十一年「一二八」事變起，十九路軍及青年黨同志翁照垣屢奮起抗日，李璜更北上組織東北義勇軍請纓抗日⑮。蘆溝橋事變起，為表示與國民黨精誠合作的誠意，曾琦、李璜、左舜生等青年黨領袖，應邀參加了「廬山談話會」。在會上，曾琦代表中國青年黨表示擁護國民政府的對日抗戰。「八一三」戰後，曾琦參加了在國防最高會議下設立的「國防參議會」⑯。二十七年「國防參議會」改為「國民參政會」，曾琦、李璜、左舜生、陳啟天、余家菊、常燕生等六人代表「中青」參加，可見這是青年黨標榜「政黨休戰，共赴國難」，與國民黨推誠合作的時期。

透過這種黨派合作和組織動員，全國「地無分東西南北，人不分男女老幼」，掀起了一股全民的抗日浪潮，動見觀瞻的上海更不落人後，帶動了影響視聽的群眾性大動員。

2 群眾動員

日軍侵華，不僅是國家民族存亡的重大關頭，即民眾個人的生命財產也隨時飽受威脅，所以除了少部分奸商政客外，各階層大都能抱持「敵愾同仇」的民族大義，共體時艱，全力以赴。

---

⑮ 陳正茂，〈李璜傳〉，《國史館館刊》，復刊第十五期（民國八十二年十二月出版），頁二二七。

⑯ 陳正茂，〈曾琦與民國政治〉，《近代中國歷史人物論文集》（臺北，中央研究院近代史研究所，民國八十二年六月出版），頁一〇七。

在動員群眾方面，有兩個重要性最高、影響力最大的組織，不能不提，其一是「抗敵後援會」，其二是「救亡協會」，茲稍加說明如次。

蘆溝橋事變後，上海民眾救國不落人後，除電請中央領導抗戰外，為維持戰時社會秩序，上海市商會、總工會、婦女會、市農會、市民聯合會、市教育會、市地方協會等五百餘團體，於七月二十二日組織成立了「上海市各界抗敵後援會」，由錢新之、杜月笙、黃任之、顏福慶、洪深、傅東華、胡厥文、劉湛恩等各界著名人士一百五十人擔任執行委員和監察委員，為全市抗敵救國的最高組織⑰。抗敵後援會的活動，大抵受國民黨路線的影響和支配，它的成員幾乎包括了上海工商金融界所有的頭面人物，一些向來熱心社會公益的人士以及著名的文化教育界人士，還有國民黨的黨政官員，也參加了這組織⑱。

在最高組織之下，各界得依法定手續，分別組織「救亡協會」或「戰時服務團」。八一三淞滬戰事爆發前後，上海的文化、教育、婦女、工人、職業、學生等各界也先後成立了「救亡協會」。

以上這兩個團體，在發動組織各階層民眾投入抗敵行列，都發揮了重大的作用。

茲將各界動員抗日的簡單情形，敘述如下：

(1)商界

---

⑰《申報》，民國二六年七月二十三日，十三版。

⑱ 上海市檔案館編，《上海市各界抗敵後援會》(檔案出版社，一九九〇年三月出版)，頁一，說明。

在整個過程中，上海市商會秉承過去的傳統，扮演了龍頭帶動的地位。除前述商會主席王曉籟的廣播，呼籲上海市民有力出力，有錢出錢，全力保衛上海外，值得一述者尚有：

㈠九月二日，上海市商會通電各省商會及各市縣商會，以此次對日抗戰關係全國存亡，政府發行救國公債，意義重大，滬市已成立商界勸募總隊，希望各處商界，參酌仿行，俾收「集成巨款，士飽馬肥之效」⓳。

㈡十月三日，上海市商會為國人自衛計，並協助政府長期應戰，消耗敵人實力計，發表〈國民對日經濟絕交宣言〉，呼籲國人並通告各業公會轉知同仁，「拒日貨於國門之外，誓勿買賣，誓勿使用，陷日敵經濟於絕路」⓴。

㈢為響應上海市商會號召，滬銀錢兩業同業公會即於十一月三日通告對日經濟絕交，各銀行即自動停止與日商銀行一切往來，中央銀行停止日匯掛牌及交易。錢莊方面與日商各銀行向無直接往來，現對所有日商各銀行本票、支票等，均一律拒絕收受。又在滬日商銀行正金、三井、三菱、臺灣、住友、朝鮮、上海、漢口等八家，其所雇用華籍職員等已紛紛自動退出㉑。

⑵工界

⓳《八一三抗戰史料選編》，頁三一四。

⓴同⓳，頁三一四—三一五。

㉑同⓳，頁三一五。

在抗戰初期，上海工人除踴躍參加「別動隊」，實際抗日外，也在市總工會的號召下，於八月七日成立「工界救亡協會」，到有郵務、水電、肩負、造紙、針線、橡膠、棉紡、製革、卷煙等百餘工會代表四百餘人，並通過(甲)電請中央剋日出師，動員抗敵；(乙)通電全國一致奮起，努力救亡工作；(丙)電請中央宣布對日絕交；(丁)電唁抗敵殉國將士佟麟閣、趙登禹、馮勛國家屬；(戊)全市工友應一致踴躍輸將，援助抗敵將士；(己)發表大會宣言等案㉒。此外，上海市總工會、工界救亡協會並於十月五日聯名通電全國工友，一致奮起，對日經濟絕交，制敵死命，維我國土㉓。

當日本帝國主義在八一三發動對上海的侵略，上海軍民奮起抗戰之後，上海各界人民組織的抗日救亡團體，如救亡協會、國民戰時（或戰地）服務團、抗敵團、救亡團、教育團，更像雨後春筍般地大批湧現。據不完全的統計，當時全市這類團體有一百四十多個。其中，在共產黨直接領導、影響和推動之下，按地區、按產業系統或以工廠企業為單位，分別組織起來的工人抗日救亡團體就有四十多個，其中工作開展比較活躍，發揮的作用比較卓著的，有上海紡織工人救亡協會等組織㉔。

茲以紡織（分紗廠、絲織）工人救亡協會為例，將他們的抗日活動敘述如下：

㉒ 同⑲，頁二九五。

㉓ 同⑲，頁二九六。

㉔ 同⑲，頁二八二—二八三。

(甲)進行抗日宣傳

老怡和紗廠工人救亡協會組織了歌詠組、演劇組，對群眾進行形象的愛國主義教育，還自編印了《文藝月刊》，介紹國內外新聞及抗日形勢。協會中的共產黨員經常把傳單散發在工友的更衣箱、飯籃中，散發到寫字間裡，甚至放在機器的傳動皮帶上。

(乙)加強與本市其他工人救亡團體的聯繫

十月中旬，上海紗廠工人救亡協會等聯合了印刷界戰時服務團等共計七個民眾團體一起致電國民政府，要求政府立即建立國防工業，實施對日絕交，動員全國人力、物力、財力來爭取抗戰勝利！並為實行對日經濟絕交開展市民簽名運動，宣誓不買、不賣、不用、不運日本貨。

(丙)進行失業工人登記

由於戰事，大批工人流離失所，據當時上海的《救災合刊》估計，全市約有二十六萬難民，其中部分是工人及其眷屬。該會曾在《救亡日報》上刊登通知，希各男女工友從速登記，再由本會護送內地工作，待遇與上海相同，家屬則由本會設法救濟。

(丁)舉辦各類學校

在滬東、滬西紡織工人較集中的地區，救亡協會就組織工友們到余日章小學、菊如小學去讀夜校，或組織部分工友到女青年會夜校去學習。

(戊)參戰上前線

在淞滬抗戰最激烈時，組織了眾多的紗廠、綢廠、襪廠女工戴上鋼盔，背起紅十字包，奔赴前線，參加救護工作。男工們則上前線，幫助挖戰壕、運彈藥㉕。

(3)婦女界

七七抗戰爆發以後，全國婦女也迅速的面對新的環境，勇敢的和男子站在同一立場上，於是有形無形的婦女組織馬上活躍起來。根據統計，抗戰時期大大小小的婦女團體，總數在三百五十個以上㉖。

茲將上海方面幾個比較重要的婦女團體和活動簡介如下：

(甲)「中國婦女抗敵後援會」

在宋慶齡、何香凝的倡導下，並聯合婦女界知名人士沈茲九、陸禮華、胡子嬰、羅叔章等人，於七月二十二日成立（八月初因宋美齡女士在南京成立「中國婦女慰勞自衛抗戰將士會」，故改稱「中國婦女慰勞自衛抗戰將士總會上海分會」），到九月底該會有團體會員二十餘個，如中華婦女互助會、上海婦女戰時服務團等，其成員來自上海婦女各階層，從國民黨要員的夫人、職業

㉕ 上海紡織工人運動史編寫組編，《上海紡織工人運動史》（中共黨史出版社，一九九一年六月出版），頁二五一—二五四。

㉖ 呂芳上，〈抗戰時期中國的婦運工作〉，《東海大學歷史學報》，第一期（臺中，東海大學，民國六十六年四月），頁一五九—一六〇。

婦女、女工、學生到家庭婦女，應有盡有㉗。

該會設總務、徵募、慰勞、救護四組，四組之上設擴大理事會，理事會中公推林克聰、沈茲九、金光楣、毛王瑞竹、王孝英等二十一人為常務理事，何香凝為常務理事會主席。在第二次常務理事會中，且增邀俞鴻鈞夫人、杜月笙夫人為副主席，並通過幾個議案，如(1)各界婦女及女工請求加入本會者，應先入救護班受訓；(2)協助辦理華北難民之救濟；(3)由總務組、徵募組發動婦女作收集各處破銅爛鐵工作㉘，作為該會之具體工作。

(乙)「中國婦女慰勞自衛抗戰將士總會上海分會」

「中國婦女慰勞自衛抗戰將士總會」於二十六年八月一日成立於南京，由蔣夫人宋美齡女士領導，以抗日救國為目的，主辦勞軍敬軍及援助征屬改善生活等事務，國內外設有分會四十二所，支會五十四所，會員在百萬以上㉙。

上海分會由原「中國婦女抗敵後援會」改名而來，分組一仍其舊。在救護組方面，開辦救護訓練班於辣斐德路中華女子職業學校及其他各地，先後共辦二十五、六班，人員達一千二、三百人。後因用武無地，改編成縫紉服務團、難民教育服務隊、難民管理隊等㉚，擔任一些學非所

㉗ 鄭燦輝、吳景平，前引文，頁一一九。
㉘ 《八一三抗戰史料選編》，頁二六二—二六三。
㉙ 呂芳上，前引文，頁一六〇。

用的隨機應變式服務工作。

(丙)「中華婦女互助會」

「中華婦女互助會」成立於八一三淞滬戰爭前夕，會址在馬當路新民村四號，後遷至延安東路浦東大樓。其宗旨是抗日救亡，所謂「互助」就是有錢出錢，有力出力，相互幫助，做些抗日救亡工作的意思。該會的主要工作是募捐棉衣款，發動婦女縫製大批棉背心和慰勞品送給奮勇抗日的四行孤軍，一部分送到何香凝處分送抗日部隊。另外還借用中德醫院部分病房辦了一個傷兵醫院，還辦了兩個難民收容所，收容了幾百個難民。在收容所裡除了教他們識字外，還進行抗日救亡宣傳。總之，在這段時期該會的任務完全在於救濟、慰勞、勸募、宣傳等工作[31]。

抗戰爆發後，除了婦女團體外，婦女刊物也隨之增加。茲將抗戰初期在上海發行的婦女刊物列表如下：

---

[30]〈八一三抗戰史料選編〉，頁二六六。

[31] 同[30]，頁二七六—二七七。

	刊名	刊別	出版機構	發刊時間	備註
1	婦光	月刊	婦聲社	一九三七	
2	上海婦女界	月刊	上海婦女社	一九三七	
3	女兵	旬刊	上海復旦大學留滬女生會	一九三七	出版二期
4	戰時婦女	旬刊	上海戰時婦女社	一九三七—一九三八	
5	女青年月刊	月刊	上海中華基督教女青年會	一九二二—一九三七	
6	女聲		上海女聲社	一九三二—一九四八	
7	婦女生活		上海婦女生活社	一九三五—一九四一	
8	女鐸	月刊	上海廣學會	一九一二—一九四九	
9	女鋒		上海廣學會	一九二九—一九四六	
10	女星	月刊	上海廣學會	一九三五—一九四一	

資料來源：(1)《中央研究院近代史研究所目錄彙編㈣》，《海內外圖書館收藏有關婦女研究中文期刊目錄》(民國八十四年六月出版)。(2)呂芳上，《抗戰時期中國的婦運工作》。

(4)教育界

抗戰爆發，學校被炸，沒有炸毀的也不能正常上課，所以大家一條心，紛紛成立各種救亡團體，進行抗日救亡的宣傳教育。一個目的，就是要用教育的力量，來增強抗戰的力量。

首先，教育界救亡協會由大、中、小學教職員組成，成立於一九三七年八月二十四日，推舉潘公展、何炳松、陶百川等為理事，共有會員八百多人㉜。救亡團體中較重要的有上海教育界戰時服務團與戰時普及教育團。戰時服務團以服務後方，協助戰事為宗旨，下分八部，主要是宣傳和勸募。戰時普及教育團進行教育的目標，在軍隊、義勇隊、救護隊、傷兵醫院、偵察隊、工廠、店舖、礦穴、互助會、讀書會、歌詠隊、俱樂部、婦女救國會、難民收容所等組織。並推動地方當局與學校當局改變教育機構，建立中學生救亡協會及小學生救國團㉝。

(5) 宗教團體

宗教以慈悲為懷，對於戰爭所造成的災害、破壞和人民的流離失所，無不寄予同情，並本著人溺己溺的人道精神，盡力加以救助。

例如基督教青年會除了組織傷兵俱樂部和後方軍人俱樂部外，並成立「種植研究社」，為失業者訓練生產技術人才，以便將來移到內地去從事生產工作。該會並與華洋義賑會等團體組織了國際救濟會，成立難民收容所，會員也負責推銷公債，且出錢做軍用背心，出錢出力做一些救亡工作，並不後人㉞。

㉜ 上海市總工會編，《抗日戰爭時期上海工人運動史》（上海遠東出版社，一九九二），頁二三。
㉝ 《八一三抗戰史料選編》，頁二二六—二二七。
㉞ 同㉝，頁三一七。

滬戰爆發，佛教僧徒首先動員的要算在上海慈聯會（最大救濟團體）領導下的一群佛教壯士——僧侶救護隊。該隊一共有一百二十人，內分三大隊，分隊長和隊附、隊員全是僧侶，分隊以上，設有總務、隊務、救護三組，隊員以知識分子為多。在滬戰三個月中，他們救護吳淞、大場、劉行一帶戰地負傷將士及租界難民，根據慈聯會二十七年的報告書，有八千二百七十二人㉟。

其他如天主教等各個宗教團體，也同樣有救護的實際行動，因篇幅所限，暫略而不談！

除以上五種類別外，像文化界、科學、醫護界，乃至學生、教師、兒童等都參加了抗日救亡運動，因限於篇幅，無法多談，但有專節探討文化界救亡活動，在此不贅。

3 勞軍與捐款

前線將士抗敵作戰，後方同胞不分階層與團體，展開勞軍運動或踴躍捐輸，應是天經地義之事。茲將各界勞軍情形，略述如後。

中國婦女慰勞自衛將士會上海分會主席何香凝曾派慰勞組長黃定慧女士等，攜帶慰勞品謁見京滬警備司令張治中，請轉致前方忠勇抗敵將士，以示慰勞。

上海文化界救亡協會等百餘團體代表，出發閘北，慰勞抗戰將士，茲因前方戰事激烈，戒備森嚴，未克前往，乃將慰勞品，如麵包、藥品、紗布、襯衫、毛巾、短褲、水果等，送市商會轉

㉟ 同㉝，頁三一八。

交前方。

滬各界抗敵後援會曾電南口血戰陣亡將士家屬，請節哀順變，共赴國難。

滬煤業公會，曾以國幣一千元慰勞前線將士，並電京滬警備司令張治中，請繼續努力，盡殲丑虜，重整山河。

滬市總工會及工界救亡協會亦電慰空軍抗敵將士，勗以越海東航，直搗敵巢㊱。

勞軍理論上可以激發士氣，產生正面而積極的效果。但據馮玉祥的回憶，卻有「紳商學界團體和婦女團體，到醫院慰勞官兵，特務不許進去，不准同受傷的官兵談話。……致一切慰勞品都被那些特務們偷的偷了，拿的拿了，既見不著面，更提不到鼓舞士氣，安慰傷兵的心了」㊲的情況。

在淞滬戰爭期間，不少資本家在財力物力上作了一定貢獻。例如紗業資本家邵聲濤、吳瑞元曾分別購買救國捐五萬元和十五萬元。綢緞業同業公會在七七事變後便通過徵集國防捐的辦法，提出綢緞按匹徵收國防捐，洋貨每匹二分，國貨每匹一分，真絲品五厘㊳。

上海市商會成立「救國公債上海商界勸募總會」，其募集辦法：

㊱ 同㉝，頁一二五—一二六。

㊲ 馮玉祥，《我所認識的蔣介石》（鄭南榕發行，自由時代系列叢書第二號），頁八〇。

㊳ 鄭燦輝、吳景平，前引文，頁一一八。

商店以就資本額承購百分之五，公債款項承購百分之十為標準，其有特殊情形者，並得公決增減。店員月薪滿五十元者，承購百分之十，不及五十元者，自由承購。㊴

在工界方面愛國熱忱未甘後人，上海人力車夫互助會職工，鑒於暴日之跋扈，特自動以月薪百分之十認購救亡公債。又滬西區申新紡織廠第二廠全體工友，經會議決定長期認購救國公債。惟所入有限，決就每日所得工資中提出一成購救國公債，以盡國民天職㊵。

4 文化救亡

文化救亡在上海，做得有聲有色，多采多姿，這方面的資料也最為豐富。在此，僅就「上海市文藝界救亡協會」、「中國劇作者協會」、「上海話劇界救亡協會」三個團體的抗日活動做一說明。

抗戰軍興，上海市各界除組織「上海市各界抗敵後援會」外，上海文化界並於七月廿八日成立「救亡協會」，推舉蔡元培、潘公展、張菊生、胡愈之等八十三人為理事，除發表〈對時局宣言〉、〈告國際友人書〉、〈告市民書〉，舉辦「紀念〈九一八〉六週年宣傳活動」外，主要工作有兩項：一為組織國際宣傳委員會，擴大對外宣傳；一為策動本市文化界擴大救國宣傳㊶。

㊴《八一三抗戰史料選編》，頁三一四。

㊵ 同㊴，頁二九一。

在後一前提下，上海文化藝術工作者紛紛組織團體，展開救國宣傳。茲依成立時間先後，將其組織及活動內容，敘述如下：

(1)「中國劇作者協會」

「中國劇作者協會」於七月十五日由「上海劇作者協會」改名成立，並議決由尤兢、馬彥祥、姚克、宋之的、陳白塵、夏衍（沈乃熙）等十六人集體創作抗戰劇本「保衛蘆溝橋」（三幕劇），第一幕為「暴風雨的前夕」，第二幕為「蘆溝橋是我們的墳墓」，第三幕為「全民抗戰」。八月七日上海各劇團、各電影公司主要演員近百人在上海蓬萊大戲院公演，盛況空前，激勵國人抗戰意志。十三日，上海「八一三事變」起，「保衛蘆溝橋」停演㊷。

(2)「上海市文藝界救亡協會」

「上海市文藝界救亡協會」於七月廿八日成立。

文藝界所能做的工作，不外下列數種：

(甲)出版刊物

㊶ 同㊴，頁一五八。

㊷ 秦賢次編著，《抗戰時期文學史料》（文訊月刊雜誌社出版，《抗戰文學資料叢書》之一，民國七十六年七月一日），頁五。另參關國煊，〈備受文革折磨的紅色戲劇家陳白塵〉，《傳記文學》，第六六卷第二期（民國八十四年二月），頁一〇〇。

抗戰初期的上海作家團體，普遍存在為適應抗日救亡需要而組合，提倡並實踐「文藝為抗戰服務」的文學主張，組織結構相當鬆散，內部成員流動不定且往往交叉兼融，以及有頻繁參加非文學性社會活動的現象㊸。

在上海陷敵前，所出版的文學性刊物，除日報上的文藝副刊外，可列表如下㊹：

名稱	刊期	創刊時間	編輯人	發行	備註
吶喊	周刊	八月廿五日	茅盾	文學社	
高射炮	旬刊	八月間	王亞平 覃子豪	詩人協會	
烽火	周刊	九月五日	巴金	烽火社	
七月	周刊	九月十一日	胡風	七月社	
光明	周刊	九月		北雁出版社	
離騷	半月刊	十二月	劉西渭	五洲書報社	僅出一期，雖掛名劉西渭編輯，實由阿英主編
戰時演劇			侯楓	戰時演劇社	

㊸ 陳青生著，《抗戰時期的上海文學》（上海人民出版社，一九九五年二月），頁二三〇。

㊹ 《抗戰時期文學史料》，頁六九。

(乙)出版專書

上海文化生活出版社出版《文學叢刊》，巴金主編，自二十六年五月起至三十一年一月止，共出三集，每集各十六冊。該社為抗戰起國內出版文學書籍最多，水準也最高的一個出版機構，主要負責人為吳文林、巴金、靳以、陸蠡等。

戰時出版社自抗戰起至二十八年止，出版叢書《戰時小叢刊》將近百冊，其中收有《戰時散文選》、《戰時小說選》、《戰時戲劇選》、《戰時詩歌選》各一冊。

上海大時代出版《抗戰文庫》，由夏衍主編，至十一月共出四種。分別為碧泉《日本的逆流》、林克多《從陝北到晉北》、惲逸群《抗戰與農民》、劉志堅《抗戰的戰術與戰略》[45]。

(丙)刊行報紙

《抗戰》三日刊，八月十九日出版，由鄒韜奮主編。《救亡日報》，八月二十四日創刊，這是「上海文化界救亡協會」的機關報，由巴金、王任叔、阿英、茅盾、郭沫若、夏衍、張天翼、鄒韜奮、鄭振鐸等組成編委會，郭沫若任社長，夏衍任主筆，阿英任主編，出至十一月廿二日停刊。

《救亡漫畫》五日刊，於九月二十日誕生，係上海漫畫界為「鼓勵戰士們視死如歸，增加人民的愛國熱情」所創辦的刊物，以丁聰等二十一人組成編委會。

---

[45] 同[44]，頁八。

《抗戰報》二日刊，此為教育界戰時服務團所出版㊻。

(3)「上海話劇界救亡協會」

該會自八月十七日正式成立後，即組織十三個救亡演劇隊，在上海和各地宣揚抗日救亡運動。他們的工作項目，大抵分話劇、通訊、音樂（訓練士兵和民眾唱救亡歌曲）、演講等幾種。換言之，除演出救亡戲劇，鼓勵全民抗戰精神外，並注重於民眾防毒防空常識之宣傳，以及救護工作之援助。茲誌各隊之工作情形如下：

第一隊：正隊長馬彥祥，副隊長宋之的。

工作路線：先至南京，由津浦隴海轉平漢路上赴保定一帶。因捐得「風雲兒女」、「青年進行曲」等影片，可以隨時放映。

第二隊：隊長洪深。

工作路線：蘇州、南京、徐州、保定、太原、歸綏、漢口、長沙。

第三隊：大隊長應雲衛，隊長鄭君里。

工作路線：由京溯江而上，至武漢，或入川或入桂。

第五隊：隊長左明

工作路線：由上海至南京至漢口，然後由平漢線北上。

㊻ 同㊹，頁六；《八一三抗戰史料選編》，頁二二〇—二二三。

第六隊：正隊長李實，副隊長時玳。

工作路線：京滬一帶。

第十一隊：由留日同學救亡協會所成立的戰時演劇隊，主持人是侯楓。演出「難民的生活」、「往哪裡逃」、「大家一條心」、「保衛大上海」等劇。

第十二隊：九月十三日成立。演出四幕短劇有「報仇」、「天津街頭」、「再上前線」、「放下你的鞭子」等。正在排演的則為「有一粒子彈」、「烙痕」、「金錶」等。

第十三隊：在上海難民收容所與傷兵醫院作巡迴演出。演出崔嵬的「張家店」[47]。

(三)民間武力對抗

蘆溝橋事變既已擴大，上海遭敵攻擊，自在意中。這一五方雜處，世界聞名的大都市，有其脆弱的一面，即社會複雜，而無組織，一旦有事，秩序容易陷於混亂。而秩序之混亂，又直接間接影響我軍之作戰，尤其是在諜奸猖獗的時候[48]。因此組織民眾武力，乃刻不容緩之事！

---

[47] 《八一三抗戰史料選編》，頁一八七－一九五。

[48] 良雄著，《戴笠傳》（傳記文學出版社，民國六十九年七月），頁一〇一。

1「蘇浙行動委員會」與「別動隊」的成立

組織民眾武力，當時有人以為困難太多，決不可能在戰火之中，一蹴而成㊾。為了加強淞滬抗戰力量，軍統局局長戴笠（雨農）奉命發動上海的民眾力量，組織一支上海的游擊部隊，協助國軍作戰。戴氏對於上海的情形，十分瞭解，他知道只要策動若干有影響力的士紳，出面號召，就不難實現。於是一方面徵得地方實力人物如杜月笙等之全力支持，一方面建議中央成立「蘇浙行動委員會」，由上海軍政要人和社會名流組成，延聘俞鴻鈞、吳鐵城、宋子文、貝祖詒、杜月笙、錢新之、楊虎、張治中、俞作柏、張嘯林、劉志陸、蔡勁軍、吉章簡等為委員，而由他本人以委員兼書記長，負實際責任㊿。下分機要、總務、偵諜、軍事、技術、調查、宣傳、交通八組51。

這一組織成立之後，在上海社會，立刻發生極大影響力，成群學生、工人與幫會中之愛國青年，踴躍投效。委員會之下，組織「別動軍指揮部」，由劉志陸任別動軍總指揮（有稱總隊長），理轄五個支隊一個特務大隊。第一支隊司令（支隊長）何行健，第二支隊司令陸京士，第三支隊司令朱學範，以上三個支隊，由杜月笙的幹部和工人編成，每支隊三大隊和一個特務中隊。第四

㊾ 同㊽，頁一〇二。

㊿ 同㊽，頁一〇二—一〇三。

51 喬家才著，《鐵血精忠傳——戴笠史事彙編》（中外圖書出版社，民國六十七年三月），頁一三三。

支隊司令張業，大隊長趙下君，由戴笠部屬編成，編制和一、二、三支隊同。第五支隊司令陶一珊，由愛國青年編成，轄五大隊和一個特務中隊，總數約一萬人[52]。

「蘇浙行動委員會」所轄的五支別動隊，因為對上海地形和情況熟習，所以在淞滬戰爭中發揮了很大作用。這支武力，可以說驅市人而使之戰，但由於青年熱愛國家，亦由於戴氏之認真與負責，竟然有極為出色的表現。在國軍撤退前後，別動隊在滬西、浦東、蘇州河，與沿京滬鐵路一帶，從事突襲、狙擊與爆破等工作，曾予敵人以很大打擊。例如何行健、陸京士的一、二支隊開赴浦東，在浦東建立了游擊基地，往後抗戰八年，他們不斷的與敵周旋。朱學範的第三支隊防地在南市一帶，協同國軍對日作戰，並與上海市工人戰地服務團分別負責交通、救護、情報、運輸、嚮導、工程、破壞、游擊等任務。由戴笠所部改編的第四支隊，在上海撤守初期，奉命由滬西挺進蘇州河北岸，占領戰場要點，死守不退，掩護國軍向蘇州河南岸轉進，他們深入敵軍腹地，孤立無援，雖曾力阻敵軍陣前強渡，擊斃敵軍無數，但在任務達成以後，兩千多英勇的青年，竟然全部壯烈犧牲成仁[53]。第五支隊跟二、三支隊一樣，後來奉命化整為零，轉入地下，潛伏地方，成為游擊武力，日後忠義救國軍之基幹，均係由此產生，其功蹟甚著。

---

[52] 《戴笠傳》，頁一〇二—一〇三；《鐵血精忠傳——戴笠史事彙編》，頁一三三。

[53] 同[52]，頁一三三；另參閱萬墨林，〈抗戰期中的杜月笙(二)〉，《中外雜誌》，二十卷一期（民國六十五年七月），頁五二—五九。

2 搜捕敵諜漢奸

抗戰一起，敵諜出沒，漢奸活躍，令人痛心。由軍統局特務處與地方治安機關，及招商局航警所混合組編組之巡查隊，以喻耀離負責，專事搜捕漢奸與敵人便衣隊，保護電線、橋樑、渡船等之安全，以便利友軍作戰[54]。

漢奸可以說無所不在，無孔不入，他們有的在偷偷破壞交通，探聽軍情；有的在茶缸中投毒藥粉；有的在難民收容所前打聽難民數目，抄錄抗日分子名單，打聽住址；有的專替敵人購買糧食；有的到處拋擲炸彈，造成恐怖；有的製造謠言，擾亂聽聞[55]。為了對付漢奸，文化救亡協會曾印發《消滅漢奸宣傳大綱》[56]，教導民眾如何由辨識漢奸進而消滅漢奸！

在這段期間，懲處漢奸的新聞隨處可見。例如八月廿四日，上海老西門陳英士塔畔有二名漢奸常秀英、唐文福被處決。又有二名漢奸攜帶地圖等件，混入曹家渡酒舖刺探後方軍情，被民眾發覺，遭毆打致死[57]。

---

[54]《戴笠傳》，頁一〇二。

[55]《八一三抗戰史料選編》，頁一三三。

[56] 同[55]，頁一三四－一三九。

[57] 同[55]，頁六七七。

即使到了敵偽占領上海時期，大約自廿八年八月到三十年十月，這種制裁漢奸的工作並未稍懈。根據軍統局「上海區」透露，他們發動了行動制裁共一百五十餘件次，其中要以漢奸居多，少數是上海各租界捕房中甘為敵偽鷹犬專與我方作對的高級警探[58]。

(四)另一種形式的「敦刻爾克」

1工廠內遷

工廠內遷，象徵著幾種意義。第一是配合政府政策，既可厚植抗戰力量，繼續生產，供給軍需，又可避免資敵；第二，到內地各省同甘共苦，一起建設中部、西部和西北部；第三，到後期甚至衍伸出忠誠問題，誰的工廠不搬遷，誰就表示對抗戰不力，被認為準備做順民、做漢奸。

中國的工商業，向來就在沿海商埠一帶發展，尤以上海、天津兩處為最。根據實業部民國廿六年九月底止的登記，在上海合乎工廠條件的（即合乎工廠法的規定，有五十個工人，十匹馬力以上者）有一二七九家[59]。依據經濟部工廠登記之統計，民國二十六年全國工廠數不過僅只三九

---

[58] 陳恭澍著，《北國鋤奸》（傳記文學出版社，民國七十年十一月十五日），卷頭長白，頁一〇。

[59] 《林繼庸先生訪問記錄》（中央研究院近代史研究所，《口述歷史叢書(二)》，民國七十三年五月再版），頁

三五處，而上海一地就有一二三五家，故占全數的百分之三一．三九，其他沿海各省份共二〇六三家，占全數的百分之五二．四三，二者合計幾占全數百分之八十四。可見中國之工廠絕大部分集中於沿海一帶，上海工廠數更幾占全國三分之一。因此中日一旦發生戰事，中國沿海各地勢必先遭轟炸，工廠將被摧毀。是以第一要務就是在可能的範圍內，把該區的工廠設法遷到安全地帶，如此一方面可以減少戰爭對於工業的損害，另一方面亦可利用工廠遷移來建立內地各省的工業基礎，不失為厚植國力之良策(60)。

隨著蘆溝橋事變的爆發，政府立即成立總動員設計委員會，以軍政部長何應欽主持，並於八月十日組織上海工廠遷移監督委員會，由資源委員會代表林繼庸為主任委員，研訂遷廠三原則：即安全、方便、有利，有計劃的將上海區域各大工廠遷至後方。該會除協助公營及國營的工廠不計外，計共遷出民間工廠一百四十六家，其機器及材料重量已安全抵達武漢者共一萬四千六百餘噸，技術工人二千五百餘人。茲誌各廠數及家數如下(61)：

二三。

(60) 莊焜明，〈抗戰時期中國工廠內遷之發動〉，《近代中國》，第一〇七期（民國八十四年六月十五日），頁七一。

(61)《林繼庸先生訪問記錄》，頁四六。

編號	工廠類別	廠數	編號	工廠類別	廠數
1	機器五金類	66	7	煉氣業	1
2	造船業	4	8	文化印刷業	14
3	煉鋼工業	1	9	紡織染業	7
4	電氣及無線電業	18	10	飲食品業	6
5	陶瓷玻璃業	5	11	其他工業	5
6	化學工業	19		合計	146

在敵人猛烈炮火下，拆遷工廠，其困難可想而知。上海共有一二七九家頗具規模的工廠，拆遷了規模較大的工廠是一百四十六家，占上海工廠總數的百分之十二，加上全國其他各地拆遷的部分，確實保存了長期抗戰的生產力，對抗戰軍需民用貢獻甚大。有「遷廠之母」與「頭號傻瓜」之譽的林繼庸，也認為工廠西遷，「是一幕動人而可歌可泣的工業史蹟」，為我工業總動員拉開了序幕，尤其人力、物力的動員，對抗戰的貢獻，乃至對西南工業的開發以及中國沿海和內陸的平衡發展，均具有重大的意義！

在工廠搬遷的工程中，若未能得到上海工業界人士的合作，是根本不可能成功的。以上海機器五金製造業為主體的「上海工廠聯合遷移委員會」民間工界團體，對於工廠內遷是有貢獻的。

一些企業家識時務，明大體，表現出高度的愛國情操，如顏耀秋（上海機器廠）、胡厥文（新民機器廠）、薛福基等人，親往南京力陳遷廠的必要，並表明率先遷廠的意願，其支持政府決策，表現實業報國的精神，實功不可沒。當然亦有大部分上海企業家在商言商，為追求利潤，或因認識不清（如龍章印刷廠的傅筱庵），或抱安土重遷的觀念，或考慮經費龐大，不堪負擔（如榮宗敬），或出於股東意見不一，而滯留上海，而遷入租界，間接資敵者仍然不少，令人不無遺憾[62]！

2 學校內遷

由於日軍的節節進逼，也由於中國政府「以空間換取時間」之長期抗戰決策，戰爭一開始就將工廠、學校有計劃的向後方遷移，形成了中國歷史上從未有過的大遷徙的壯舉，充分發揮了中華民族的堅忍精神與無比潛力[63]。

根據教育部的統計，在民國廿六年七月中日戰爭發生之前，我國計有專科以上學校一〇八所，計大學四十二，獨立學院三十四，專科學校三十二。戰事繼起，北平及上海首遭敵人攻擊，此兩城市素稱文化區域，學校最多。日人以教育機關為培養抗日分子的基地，對學校之破壞，尤屬肆無忌憚。政府及學校當局為保全教育文化計，乃盡力於學校之遷徙。其確無力繼續辦理者，亦必

[62] 莊焜明，前引文，頁八〇—八三。

[63] 李雲漢，前引書，頁五三六。

將其財產遷出，然後予以停辦。根據統計，戰爭爆發後，遷至後方者五十二校，遷至上海租界或香港續辦者有二十五校，停辦者十七校，其餘十四校或是原設後方，或是原設於租界內，或是教會大學可以暫時維持下去，沒有一校願留於日敵占領區內[64]。

在上海有國立大學三所，即交通大學、同濟大學與暨南大學。私立大學有復旦、光華、大夏、大同、東吳、滬江、聖約翰、震旦等所，現將它們遷校的情形略為說明如次。

國立交通大學包括上海工業專門學校、唐山工業專門學校、北京郵電管理學校及鐵路管理學校。抗戰爆發後，滬校師生遷往位法租界的「校外宿舍」上課[65]。唐校、平校遷湖南湘潭復課。二十八年輾轉退至貴州平越。二十九年，成立交通大學重慶分校[66]。

同濟大學原設吳淞，燬於淞滬會戰。它一遷到上海租界地豐路，租臨時校舍上課。再遷到浙江金華，三遷到江西贛州，四遷到江西吉安，五遷到廣西八步，最後遷到雲南昆明。

---

[64] 宋晞，〈略論抗日戰爭時期的高等教育〉，《近代中國》，第六十期（民國七十六年八月三十一日），頁一六五。

[65] 黎東方，〈抗戰時期的教育與文化〉，《中華民國建國史》，第四篇，抗戰建國㈡（教育部主編，民國七十九年一月），頁七八〇。

[66] 陳存恭撰，《交通大學》，秦孝儀主編，《中國現代史辭典——史事部分㈠》（近代中國出版社，民國七十六年），頁三六四。

暨南大學於抗戰軍興奉命暫遷到上海租界，於民國三十三年十二月遷至福建建陽。

復旦大學於一九〇五年在吳淞成立，以馬良（相伯）為校長。二十六年抗戰軍興，該校與大夏大學聯合西遷，始遷廬山，續遷重慶北碚。

光華大學成立於一九二五年，校址在霞飛路及新西區。抗戰軍興，繼二十一年春淞滬之戰，校址再淪戰區，是年秋季，還校於公共租界。十一月淞滬撤守，大西路校舍全部成焦土，乃在四川成都設立分校。

大夏大學於淞滬會戰開始以後西遷，曾經與復旦大學合作，籌設「第一聯合大學」於廬山，「第二聯合大學」於貴陽。

大同大學初名大同學院。八月，抗日戰起，日軍侵入南市，校舍旋為日軍佔據，陸續拆毀，十去其七，校祚幾於中斷。二十八年遷往租界新閘路上課，直到抗戰結束之時，不曾向大後方遷移。

東吳大學本校設在蘇州，分校設在上海租界。民國廿六年抗戰軍興，蘇州本校遷來上海。其後文理學院曾遷移浙江、安徽、四川、廣東諸地，然弦歌始終未曾中輟。而法學院則改稱「中國比較法學院」，在上海南陽路繼續上課。

滬江大學的校址，在虬江碼頭附近的黃浦江江邊，於淞滬會戰之時成為中日兩軍爭奪的目標，師生遷入租界上課。

聖約翰大學經歷兩次中日戰爭，幸未遭受任何兵燹的損害，在抗戰期間均留在上海，不曾西遷，照常上課[67]。

震旦大學因位於租界，幸未被日軍侵入，得以繼續上課，未受播遷損失，並曾以一部分校舍借於交通大學，並代中央研究院保管一部分文物。

大學的西遷，儘管達到教育當局「戰時須作平時看」的辦理方針，也維持了正常教育的發展，但因受到戰爭顛沛流離的影響，其情形正如羅家倫所描繪：

(1)遷移可以說是「盡室而行」，凡是可以搬得動的東西都搬走了，尤其是圖書儀器，甚至「雞犬圖書共一船」。

(2)開學以後，敵機常來空襲，不但生活作息常在防空洞裡渡過，且隨時有「不知炸彈落誰家」的憂慮。[68]

這是戰時大學生活的一般寫照。由於遷校關係，一切因陋就簡，條件艱辛困苦，研究環境欠

---

[67] 同[65]。

[68] 羅家倫，〈回憶——抗戰時期中央大學的遷校〉，《羅家倫先生文存》（羅家倫先生文存編委會，民國七十八年四月初版），第八冊，頁四五四—四五七。

佳，雖然勉強弦歌不輟，但事實上必然影響教育的正常發展。

當然，遷校也有「失之東隅，收之桑榆」的影響，即：

(1)對西南、西北地區而言，由地區性大學一躍而為全國性大學；

(2)促進當地自然環境、歷史、人文方面的研究；

(3)帶動本地區中小學教育的發達，並充實師資。[69]

所謂「失之東隅」，便是文化人相率離去，使得兼有文化城之譽的上海城市元氣大傷[70]。

(五)結語

上海是個工商業發達的國際化都市，無論人力或經濟資源均十分雄厚，但從「一二八」到「八一三」兩次事變，上海幾乎首當其衝，都給上海城市帶來了巨大的災難，特別是「八一三」淞滬戰役，上海更有數以千計的工廠被毀，至於在戰爭中喪生的上海人就更難計其數。這兩次戰爭，給上海城市帶來的創痛，可以說久久不能平復[71]。

[69] 宋晞，前引文，頁一七一—一七三。

[70] 張仲禮主編，《近代上海城市研究》(上海人民出版社出版，一九九〇年十二月)，頁一五。

[71] 同[70]，頁一五。

上海原是個地形平坦，無險可守的城市，除了扼長江咽喉外，嚴格而言，並非是兵家必爭的軍事要地，然「八一三」之役政府卻接受陳誠的建議，集結重兵與日軍僵持達三個月之久，不但表現出國軍寸土必爭、英勇作戰的本色，而且誘敵以東戰場為主戰場，免除日軍自平漢路南攻武漢，將中國分為兩半的危險[72]。

除此之外，上海以其各項優越的條件，面對抗戰初期的變局，做出領導性的積極回應，對抗戰至少有以下幾點貢獻：

1.在組織動員、群眾動員方面，上海扮演了帶領全國風騷的舉足輕重地位；

2.在勞軍捐款、認購國債方面，上海各階層不分企業家或工廠工人，都有錢出錢，有力出力，有相當傑出的表現。《申報》並定期刊出「上海市各界抗敵後援會」收到救國捐的報告，以資徵信，對捐款救國不斷產生激勵作用。

3.在文化救亡方面，上海的各個團體最稱活躍，所辦的各種刊物和活動也最具聲色。在全民團結、政黨合作的前提下，中共地下黨透過親共團體或左翼文人，扮演著主導的地位。不過，《申報》自八月十五日起，於該報名稱下，連續刊出有關抗戰的醒目警語，如「我們要抱定國存與存，國亡與亡的決心」、「我們要以所有的資力、物力、才力貢獻於國家」、「我們要信仰政府，信任領袖，犧牲到底，抗戰到底」、「我們要沉毅堅定，勝固不驕，敗亦不餒」等[73]，相信這些警語對於

[72] 李雲漢，前引書，頁五一七。

包括上海在內的全國民心士氣，都會有積極的振奮作用。

4. 在工廠和大學內遷方面，上海也起了帶頭作用，不但免於間接的資敵，而且直接的帶動內陸的各項建設。抗戰時期知識分子西遷，把沿海東岸與長江中下游口岸已開放的新知識、新思想以及新的生活方式傳遞至西部地區，也就是把當時的主流文化傳遞到西部各地[74]，對於平衡沿海與內陸、城與鄉的差距，也有不可磨滅的貢獻。

上海是個中西交匯的城市，也是個容易牽動國際觀瞻的城市。上海人求新、務實、開明、具有開拓精神，勇於進取，敢於冒險，這些特質融合的結果，雖然不免產生少數若干唯利是圖的企業家或賣國求榮的政客，但大體而言，上海人已經做到了「地無分東西南北，人無分男女老幼」的抗戰號召，無論在精神或物質方面。

綜上所述可知，上海對抗戰初期變局的肆應，是積極的、動態的、感人的；而不是消極的、靜態的，甚至不合作的。

總之，從各方面來看，上海人應可無負於抗戰，對得起抗戰！

（原載中國近代史學會編，《慶祝抗戰勝利五十週年兩岸學術研討會論文集》，民國八十五年十月）

---

73 參閱《申報》，民國二十六年八月十五日、十六日、十七日、十八日。

74 同1，參閱蔡文輝對〈戰前與戰時社會的比較〉一文的評論，原書，頁一〇一。

伍　研究報導

六 光復以來臺灣地區的上海研究

(一) 城市史研究的意義及其重要性

近代中國城市史的研究，本為最近興起的史學新支脈，但其重要性已為世界史學界所注意，在這方面，日本學者用力最早且勤，西方學者也不斷有專書問世，並提出新的理論詮釋。

西方學者普遍認為，城市史是研究城市在區域史、國別史和文明史所扮演角色的學科。城市史在相當大的程度上需借重地方史和歷史地理的研究成果，但又不完全等同於這兩門學科。城市史主要強調地方史和歷史地理之間的關係，以及城市社會的特有發展規律。由於城市的經濟活動、組織型態和由此產生的社會結構，皆與農村迥然不同，因此研究城市發展史具有重要的意義❶。

---

❶ 史明正，〈西方學者對中國近代城市史的研究〉，《近代中國史研究通訊》，第十三期，頁八五（民國八十一年三月）。

西方學者對中國城市的研究，主要經歷了三個階段。第一階段是以韋伯(Max Weber)為代表的西方社會學家，他們在研究西方城市的基礎上，認為以西方標準進行衡量，中國的城市根本不存在❷。第二階段以美國人類學家施堅雅(G. William Skinner)為代表，從內在的、宏觀的角度探討中國城市化的發展進程，他的九大區域學說和中心——邊陲理論❸，至今依然深刻地影響著西方學術界。第三階段的研究成果表現在近二十年來湧現出來的一批中國近代城市史研究工作者，其特點為從不同的程度上對上述兩大理論進行驗證。同時，他們以某些個別城市做為研究對象，截取其歷史發展的某一重要階段，分別就其商業化、市政建設、城市自治和市民生活等各個方面展開翔實的分析，從而反映某一時代中國城市發展之一般❹。

城市史的研究在美國方興未艾，在柏克萊加州大學教授魏斐德(Frederic Wakeman)與葉文心等

❷ 韋伯提出了衡量城市的五大標準，即城堡、集市、法庭、社團和由市民選舉產生的市政機構。根據這個定義，韋伯從而得出中國從來就沒有城市，中國城市史無從談起的結論。參見史明正，前引文，頁八六。

❸ 同❶，頁九〇。施堅雅的九個宏觀區域是東北、華北、西北、長江下游、長江中游、長江上游、東南沿海、嶺南和雲貴。這種劃分法，改變了傳統的城鄉關係觀念。施氏又在宏觀區域理論中引入了中心邊陲說。中心部分人口眾多，耕地面積較大，交通運輸系統比較發達，往往成為大城市或者重要市鎮所在地。在邊陲地區，人口的密度和經濟活動的活躍程度都遠不如中心地區，城市也較為蕭條。

❹ 史明正，前引文，頁八六。

人的大力推動下，與大陸上海社會科學院等單位，曾合作舉辦過多次的小型研討會(work-shop)，並出版了《上海過客》(*Shanghai Sojourners*)❺一書。

歐洲方面，法國巴黎第三大學教授白吉爾(Marie-Claire Bergère)對上海資產階級的研究❻，斐譽全球，早有定評。另里昂第三大學教授安克強（Christian Henriot）亦出版有論述上海現代化的專書與論文多篇❼，其對上海下層社會如妓女的研究，頗受矚目與重視。

有關近代中國城市史的研究，在大陸則是八〇年代新起的現象，城市史不但是「七五」期間國家規劃重點研究的課題，也成為「四化」政策、改革開放聲浪之中新興的史學領域，擺脫了大

❺ Frederic Wakeman & Wen-hsin Yeh (ed.), *Shanghai Sojourners* (Institute of East Asian Studies, University of California, Berkeley, Center for Chinese Studies, 1992).

❻ 白吉爾教授有關上海與資產階級的著作，主要有以下幾種：*Une Crise Financière à Changhai à la Fin de L' Ancien Régime*, Paris-La Haye, Mouton, 1964. *La Bourgeoisie Chinoise et la Révolution de 1911*, Paris-La Haye, Mouton, 1968. *L' Age d' Or de la Bourgeoisie Chinoise*, Paris, Flammarion, 1986.

❼ 安克強教授有關上海之著作及論文有：*Shanghai 1927–1937, Elites Locales et Modernisation dans la Chine Nationaliste*, E.H.E.S.S. Paris, 1991. *Shanghai dans les Années 1980, Etudes Urbaines*, Université Jean Moulin-Lyon III, 1989. *Fiscal Modernization and Popular Protest: A Study of Tax Reform and Tax Resistance in Nationalist Shanghai* (1927–1937).（《中國現代化論文集》，中央研究院近代史研究所，民國八十年三月。）

陸現代史一貫的無產階級革命鬥爭主導思想，既不談革命英雄人物功過，也不辯論路線左右、政策是非，平平實實地把眼光專注在近百年中國社會經濟文化等各方面鉅大的變化，一方面使用社會科學的理論架構和統計數字，一方面運用大量的文字素材加以描述，找出了不少新材料，也出版了數量相當可觀的專書及論文❽，張仲禮主編的《近代上海城市研究》巨著的出版❾便是其中一例。

在臺灣，城市史的研究，比較沒有趕時髦的問題，也談不上意識型態的包袱，它一如其他的學術研究課題，既未受到特別的重視和鼓勵，也沒有遭到刻意的冷落或壓抑，完全順其自然發展。雖然有興趣者頗不乏人，但由於資料的限制和不足，顯然在整體成果方面，尚未到達令人滿意的地步。

---

❽ 葉文心，〈記柏克萊、康乃爾兩大學在魯斯基金贊助下的兩次「上海近代城市」研討會〉，《近代中國史研究通訊》，第十五期，頁一九（民國八十二年三月）。

❾ 張仲禮主編，《近代上海城市研究》，上海人民出版社，一一六〇頁（一九九〇年十二月二版）。內分總論、經濟篇、政治社會篇、文化篇，凡二十章，全面而有系統地分析上海城市形成、興起的原因，重點研究近代上海的特徵，闡明上海作為中國最大中心城市的地位和作用，並透過總結近代上海城市發展、建設和管理的歷史經驗，希望能為中國現代化城市建設和體制改革提供歷史借鏡。

(二)檔案與研究資料的出版

檔案與研究資料的陸續發現與出版，是帶動研究風氣、締造豐碩成果的先決條件。所憾者，臺灣有關上海的資料在先天條件上大為欠缺，故無論官方史政機構或民間出版社的出版，不是「乏善可陳」，便是炒冷飯以再版書充數，殊少有創新之作。

1史政機構

001《江蘇省及六十四縣市志略》，朱沛蓮編撰，國史館，民國七十六年六月，五〇四頁。

國史館的主要任務在纂修國史，而纂修國史的首要工作，即在蒐求國史資料，並加以整理出版。該志略內容分為三卷：上卷為江蘇省志略，中卷為各縣市（含上海縣）志略，下卷為江蘇省縣市史料彙纂及附錄，收羅有上海掌故、上海話舊、上海舊租界略史等軼聞資料。

國史館另藏有民國十年至六十三年之司法行政部檔案，計有商訂收回上海公共租界、英美廢除在華領事裁判權及有關特權等，共八萬二千七百零二件⑩。

002革命文獻，第三十六輯，《淞滬事變》，中國國民黨黨史委員會出版，民國五十四年六月，

---

⑩《國史館概況》，頁二四（民國八十年二月）。

三九二頁。

黨史會所出版的革命文獻，資料珍貴，向為治近現代史學者所重視。其第三十六輯，賡續「日本侵華有關資料」，以淞滬事變為專輯，舉凡上海地方當局與中央和日領交涉的文件均收入，允為研究民國二十一年一二八淞滬事變的第一手史料。

黨史會黨務專檔，包括上海環龍路黨本部檔案，亦極珍貴，惜尚未整理出版。

史政機構中值得一提者，尚有近史所的外交檔。外交檔（含總理各國事務衙門、外務部、外交部三個時期）中的各國使領、租地租界、開埠設關、商務等類中都有不少資料與上海相關。尤其滬案檔（民國十四年二月至十五年十一月），收集民國十四年五卅慘案發生前後與各國使節來往交涉文電暨各地社團支援滬案文電等，均為珍貴之第一手史料。

2 民間出版

史政機構的資料出版既不豐富，唯有依賴民間出版社對一些志書、工具書或史料叢刊的再版影印，始能使研究工作不致中輟或斷層。

(1)成文出版社

吳馨、姚文枏編纂，《上海縣續志》，民國六十年。

楊逸纂，《上海市自治志》，民國六十三年。

(2)文海出版社

李平書撰，《且頑老人七十歲自敘》，三冊。

包天笑著，《釧影樓回憶錄》，二冊。

徐潤，《徐愚齋自敘年譜》，一冊。

上海通志館編，《上海通志館期刊》，二卷，共八冊。

(3)學海出版社

徐寄廎，《上海金融史》，民國五十九年。

楊蔭溥，《上海金融組織概要》（中國銀行史料三種之二），民國六十一年。

上海通社輯，《上海掌故叢書》，第一集，民國五十七年。

上海特別市社會局編，《上海之工業》。

(4)中國出版社（天一出版社）

上海通社編，《上海研究資料》，一冊。

上海通社編，《上海研究資料續集》，一冊。

(5)龍文出版社

包天笑著，《釧影樓回憶錄》，三冊，民國七十九年五月。

穆湘玥著，《藕初五十自述》，二冊，民國七十八年六月。

(6)廣文出版社

葛元煦，《滬遊雜記》，二冊，民國五十七年七月。

(7)食貨出版社

徐潤撰，《徐愚齋自敘年譜》，一冊，民國六十六年。

(8)華世出版社

李權時、趙渭人，《上海之錢莊》，民國六十七年。

(9)世界書局

劉雅農撰，《上海閒話》，民國五十七年。

(三)專書與論文

在臺灣，學院中研究過上海的學者屈指可數，不算很多，且幾乎都集中於中央研究院，例如近史所有王爾敏、王樹槐、張朋園、陳三井、陳永發、陳慈玉、李健民、黃克武、李達嘉等人，史語所有全漢昇，社科所有劉石吉，民族所有章英華，加上臺灣師範大學的李國祁、政治大學的吳圳義、中山大學的鄭亦芳等，總數不超過二十人。截至目前為止，專著尚不多見。茲分學術專著、傳記與掌故、論文三類，稍加介紹如次。

1學術專著

101王樹槐，《中國現代化的區域研究》——江蘇省，中央研究院近代史研究所專刊四八，民國七十三年，六七七頁。

為作者參加中國現代化區域研究集體計劃的成果，分政治、經濟、社會三方面論述江蘇省的變遷。雖以江蘇省為整體探討對象，但涉及上海者仍然不少。

102李健民，《五卅慘案後的反英運動》，中央研究院近代史研究所專刊五三，民國七十五年，二四〇頁。

作者雖以反英運動作為研究重心，但對五卅慘案發生的背景——上海，也闢有專章討論。

103王爾敏，《上海格致書院志略》，香港中文大學，民國六十九年，一一九頁。

上海格致書院，創於一八七四年，為五口開埠後在華西洋教士較早期之一種文化教育事業。作者就書院之創設與經營始末，作一專題探討，以見近代科學新知輸入中國之門徑與過程。

104吳圳義，《清末上海租界社會》，文史哲出版社，民國六十七年四月，一六九頁。

本書為作者博士論文之中譯精華，利用法國檔案與西文材料較多，全書分：(1)上海租界的人口、政治、司法和經濟；(2)洋人社會結構與社會生活；(3)華人社會結構；(4)華人社會生活等四章探討，部分已在《政大學報》、《食貨月刊》披露。

105吳圳義，《上海租界問題》，正中書局，民國六十九年，四四二頁。為史料選輯，上海租界問題涉及的範圍十分廣泛，本書係從政治、司法、外交和社會四個角度，選輯相關史料，藉以一窺上海租界內華人所受到的不合理待遇，以及該租界對近代中國所發生的各種影響。

106鄭亦芳，《上海錢莊——中國傳統金融業的蛻變（一八四三—一九三七）》，中央研究院三民主義研究所，民國七十年十月，二二九頁。本書為作者師大碩士論文——《上海錢莊之興衰》之修訂本，引用基本史料相當豐富，全書就上海錢莊之萌興與轉型、組織、功能、發展、衰落與轉變等問題作一整體性探討。

107陳曾燾著、陳勤譯，《五四運動在上海》，經世書局，民國七十年五月，二四九頁。原書於一九七一年在荷蘭萊登(Leiden)出版，作者Joseph T. Chen（陳曾燾），書名為*The May Fourth Movement in Shanghai: The Making of a Social Movement in Modern China*，本書之作，在對上海的五四運動，作一歷史性的分析，並將其定位為一全面的、普遍的、愛國的直接政治行動。

2 傳記與掌故

108章君穀，《杜月笙傳》，四冊，傳記文學出版社，民國五十七年八月。

杜月笙出身寒微，崛起市井，是上海灘一位多采多姿的傳奇人物，因為交遊廣闊，慷慨好義，對民國政經社會各方面都有相當的影響。《杜月笙傳》在《傳記文學》逐期發表時，佳評潮湧，轟動一時；該書出版後，更是洛陽紙貴，銷路歷久不衰，允為傳記文學最成功之典範作品。

109楊威，《杜月笙外傳》，大華出版社，民國五十七年十月，一八五頁。

作者以精鍊的筆法，就杜月笙的逸事軼聞或濃縮或發揮，可與《杜月笙傳》比綴，供酒後茶餘清談。

110陳恭澍，《上海抗日敵後行動》，傳記文學出版社，民國七十三年十月，四五三頁。

為作者繼《北國鋤奸》、《河內汪案始末》之後，《英雄無名》全書中的第三部，描寫抗戰時期「軍事委員會調查統計局」所屬上海區工作同志，奮勇殺敵除奸的真相與實蹟。

111姚曉天，《上海的守護神——謝晉元傳》，近代中國出版社，民國七十一年十一月，二五二頁。

作者以真摯而生動的歷史小說筆法，敘述民國二十六年八一三淞滬戰事起後，八十八師團附謝晉元率所部死守四行倉庫，與日軍僵持，孤軍奮戰的英勇故事。書後附部分〈謝晉元日記鈔〉。

112俞濟時著，《中華民國二十一年「一二八」淞滬抗日戰役經緯回憶》，國防部史政編譯局，民國七十年六月，一五四頁。

作者時任第五軍第八十八師師長，曾親身參與淞滬戰役，惟所述皆節錄自史政局印行之「一二八」淞滬作戰史，作者追憶或補述部分並不多。

113萬墨林，《滬上往事》，中外出版社，四冊，民國六十二年十二月至六十三年九月。

本書記載抗戰前後著者親身經歷之奇聞異事共二、三百則，內容有趣可讀。

作者另著有《春申風雲》一書，內容性質相近。

114陳定山著，《春申舊聞》，世界文物出版社，民國六十七年六月再版，四三四頁。

分第一集與續集二部分，第一集收錄一〇五則，續集七十則，其中如〈十里洋場〉、〈上海郵話〉、〈上海兵工廠之沿革〉、〈上海光復外記〉、〈上海租界百年大事記〉等均富史料參考價值，其他有關上海梨園、妓院之軼事，亦為治社會史有興趣之題材。

115陳定山著，《春申續聞》，世界文物出版社，民國六十五年，二〇六頁。

作者繼《春申舊聞》之後，復以深入淺出之生花妙筆，寫有關上海之掌故軼事四十六則，其中以藝文類較多。

116高拜石，《古春風樓瑣記》，全集二十冊，《臺灣新生報》，民國七十四年四月，五版。

芝翁高拜石於《臺灣新生報》連載《古春風樓瑣記》，取材宏博，搜集深邃，談掌故，述秘聞，舉凡軍政、財經、史地、藝術、戲劇等無不包羅，亦不乏與上海相關者。其論人記事，鑑往知來，除引人入勝外，頗有一得之見，偶可補正史之不足。

3 論文

有關上海的論文數量，顯然較專書為多，茲依時間先後及不同主題類別，縷列如下：

(1)開港、租界與市區發展

117王爾敏，〈外國勢力影響下之上海開關及其港埠都市之形成（一八四二—一九四二）〉，《中華學報》，2:2（民國六十四年七月），頁一二九至一六六。

作者認為，一切港埠領區的擴大，基本上全是為了西方列強工商家的特權與利益；中國現代化與港埠都市固然有關，然就中國本身而言，是飽受剝削痛苦而承受充分刺激的經驗與醒覺。

118李國祁，〈由上海、漢口與青島三都市的形成與發展論近代我國通商口岸的都市化作用〉，《臺灣師範大學歷史學報》，第十期（民國七十一年六月），頁二七三—二九九。

作者比較上海、漢口、青島三市的結果，認為我國通商口岸的興起，固主要因其在水運交通上的優越地位，但論其強大都市化作用，並不純由於商業的經濟能力，新式工業的成長亦應具有相當作用。

119王樹槐，〈清末民初江蘇省的城市發展〉，《中央研究院近史所集刊》，第八期（民國六十八年六月），頁六五—九七。

本文為作者《中國現代化的區域研究——江蘇省》專書中的一節，論江蘇省城市人口之增加，以上海最為突出。而人口之增多，除得力於商埠的開闢外，亦應考慮交通與生產兩因素。

120章英華，〈清代以後上海市區的發展與民國初年上海的區位結構〉，中央研究院三民主義研究所，《中國海洋發展史論文集》，第一輯（民國七十三年十二月），頁一七五—二四八。

此為作者普林斯頓大學博士論文"*The Internal Structure of Chinese Cities*, 1920's and 1930's"有關上海的一章刪節而成，主要在分析：(1)上海建置地的擴張與人口成長的模式；(2)上海工商活動及其設施的分布模式；(3)上海市區的居住模式和相關的人口特質。最後探討三者之間的交互關係。

121陳永發，〈開港前上海鎮的發展〉，《新知雜誌》，第一年第三期（民國六十年六月），頁六六—八八。

作者指出，影響上海鎮發展的五個重要因素為：(1)對外貿易；(2)海運漕糧；(3)木棉栽培及紡織業的輸入；(4)倭亂；(5)人口增殖。

122陳三井，〈上海法租界的設立及其反響〉，《中國歷史學會史學集刊》，第十四期（民國七十一年五月），頁八七—一〇一。

作者於文中提出兩點主要觀察：⑴上海法租界的設立，並非法國政府事先有計畫之安排，而為敏體尼（de Montigny）領事到任之後審情度勢，奮鬥得來的一種創獲；⑵從上海法租界的設立，印證早期法國在遠東殖民的動機，為政治目的多於商務經濟利益。

123陳三井，〈上海租界華人的參政運動——華董產生及增設之奮鬥過程〉，中央研究院近代史研究所編，《近代中國區域史研討會論文集》（民國七十五年十二月），下冊，頁七一九—七三九。

論華人在租界內的參政運動，牽涉範圍甚廣，本文主要以爭取「工部局」與「公董局」之設立華董為其鵠的。結論指出，上海租界華人參政運動的成敗，與列強在華勢力的消長及中國本身力量的強弱息息相關。沒有實力為後盾的參政要求，其努力往往是事倍功半，甚至是徒勞無功的。

⑵辛亥革命

124陳三井，〈租界與中國革命〉，《中國現代史專題研究報告》（中華民國史料研究中心），第二輯（民國六十一年八月），頁二三一—二六二。

本文以上海租界為主要例證，說明租界有干預革命的一面，也有促成革命的一面，在革命過程中扮演了相當重要的角色，但一切悉以其本國利益為依歸。

125陳三井，〈辛亥革命前後的上海〉，《辛亥革命研討會論文集》（中央研究院近代史研究所），民國七十二年六月，頁七一—八一。

本文從另外一個新角度，以當時報紙如《民立報》為主要材料，針對上海光復前後各方面的反應，來觀察辛亥革命是不是一次「順乎天、應乎人」，能產生群體共鳴，獲得廣大支持的革命。

(3)五四運動

126李達嘉，〈五四前後的上海商界〉，《中央研究院近代史研究所集刊》，第二十一期（民國八十一年六月），頁二一七—二三五。

作者指出，五四前後的上海商人有著強烈的救亡圖存意識，並且積極地結合團體，做商業救國、挽回利權的努力。

(4)五卅運動

127李達嘉，〈上海商人與五卅運動〉，《大陸雜誌》，七九：一（民國七十八年七月），頁一七—三二。

和以往的研究相較，本文在研究取向上，比較側重從整個大環境來審視上海商人在運動中所扮演的角色和發揮的作用，亦即對商人活動的舞臺以及商人和其他角色間的互動關係作通盤檢討。

128李守孔，〈民國十四年五卅慘案與國民救國運動〉，《中央研究院國際漢學會議論文集》（民國七十年十月），歷史考古組，下冊，頁一三九三—一四二九。

作者指出，民國十四年上海「五卅慘案」之發生，激起國民之自覺，爆發全國全面之排外高潮，使國民救國運動達到空前未有之境界，北伐之順利成功，租界之次第收回，追根溯源，皆與此有關。

129 傅啟學，〈五卅運動與巫啟聖先生〉，《傳記文學》，三八：五（民國七十年五月），頁六九—七五。

上海慘案發生時，巫啟聖是北大政治系二年級學生，因基於義憤，發動罷課、抵制英貨的示威運動，並提出「廢除不平等條約」與「打倒英帝國主義」兩個口號。

(5)工運與婦運

130 劉石吉，〈上海徽幫墨匠罷工風潮：近代中國城市手藝工人集體行動之分析〉，《近代中國區域史研討會論文集》（中央研究院近代史研究所），民國七十五年十二月，上冊，頁四一一—四二九。

本文主要就一九二四年旅滬安徽幫墨匠的罷工風潮所作的個案研究，內容根據《上海時報》與《申報》的資料，敘述徽幫墨工在兩個月間要求加資、籌組工會，以至聯盟罷工的肇端，並觀察他們集體返鄉求助同鄉會館，以及同鄉出面調停，墨作店主態度轉圜，風潮得以平息的經過。

131李又寧，〈上海婦運〉，《中華民國建國史》（教育部主編），第三篇，〈統一與建設㈡〉，民國七十八年，頁七八七—七八九。

有關上海婦運的專文尚不多見，此為專研中國婦女史的李又寧教授為《中華民國建國史》第三篇第五章〈北伐期間之外交、財政與民運〉所寫的一分節，文長不過六、七百字，有待擴充深入探討。

(6)上海與清黨

132杜崇基，〈清黨運動的歷史意義〉，《近代中國》，第二期（民國六十六年六月），頁一二九—一三一。

作者追憶民國十四年實際參加三種反共運動的經過。

133李雲漢，〈「上海中央」與北伐清黨〉，《近代中國》，第六十六期（民國七十七年八月），頁一二一—一三六。

民國十四年，「西山會議派」因反共容共意見不合，而另立「上海中央」，展開反共行動，並配合北伐軍的進行，對清黨部署有所因應。

(7)工商業與經營理念

134全漢昇，〈上海在近代中國工業化中的地位〉，《中央研究院歷史語言研究所集刊》，第二十九本（民國四十七年一月），頁四六一—四九七。

作者指出，上海每年的工業產額約占全國的一半，在近代中國工業化中占有非常重要的地位。促進上海工業化成功的因素，以交通便利最為重要。上海在重要交通線上占有最優良的位置，故能控制國內外廣大的工業資源，其工業產品能夠擁有廣大的國內市場。

135 鄭亦芳，〈十九世紀末二十世紀初的上海錢莊業——組織系統的研究〉，《中國歷史學會史學集刊》，第十二期（民國六十九年五月），頁一六五—二〇〇。

此文為作者碩士論文之一部分，亦為其所出版專書之第二章，故在此不贅。

136 陳三井，〈民初上海商人的現代化經營理念——以棉業鉅子穆湘玥為例之討論〉，《中國現代化論文集》（中央研究院近代史研究所），民國八十年三月，頁五五九—五七八。

作者結論指出，穆湘玥（藕初）是個國家意識特別濃烈的實業家，處處以中國之富強為念，他之努力振興棉業，便是為了「救國、救貧」，造福鄉梓。正因為民初上海商人有這種「學西學、救中國、爭富強」的不服輸心理，加上現代化的經營理念，故使上海的工商業發展，處處「妙應時機」，具備了敏銳的市場嗅覺，扮演了舉足輕重的地位。

137 陳慈玉，〈上海機器織布局——設立背景、經營方針及其他有關問題的檢討〉，《清季自強運動研討會論文集》（中央研究院近代史研究所），下冊，民國七十七年六月，頁七三一—七四六。

上海織布局是在李鴻章的支持、保護下成立的，為自強新政的一環，但因採取「官督商辦」

的經營方針，官方掣附，商人爭權，以致經營不善。

(8)學會、報紙、藝文團體

138王樹槐，〈清季的廣學會〉，《中央研究院近代史研究所集刊》，第四期上冊（民國六十二年五月），頁一九三－二二七。

廣學會由西洋傳教士成立於上海，本文探討其緣起與組織、經費收支、政策與工作、出版品，最後總結其對中國的貢獻和影響。

139張朋園，〈時報——維新派宣傳機關之一〉，《中央研究院近代史研究所集刊》，第四期上冊（民國六十二年五月），頁一五一－一七五。

時報（一九〇四－一九四〇）為維新派在上海所創辦的機關喉舌，由於上海地位特殊，加上主持人思想新穎，經營有方，且有得力助手，故所發生的影響，遠超過康梁的期望。

140黃克武，〈從申報醫藥廣告看民初上海的醫療文化與社會生活〉，《中央研究院近代史研究所集刊》，第十七期下冊，民國七十七年十二月，頁一四一－一九四。

本文以民國元年至十五年《申報》上的醫藥廣告作為史料來分析，發現民初上海中醫、中藥的影響力仍然很大，但西醫、西藥的勢力亦逐漸興起。人們進補時除了吃海狗鞭、補腎丸外，也吃魚肝油和牛肉汁；人們生病時除了吃草藥、針灸、推拿之外，也可以接受注射、開刀等西醫的治療。

141梁惠錦，〈南社——清末民初的革命文藝團體〉，《中國歷史學會史學集刊》，第十二期（民國六十九年五月），頁二四七—二六一。

這是臺灣史學界較早撰寫的有關南社研究之論文。全文主要探討南社之緣起、重要人物、南社與革命之關係及其衰落等四大主題。較突出者乃南社與革命關係之分析，作者除指出社員親自參與革命的事蹟外，也將社員作品略分為三大類，以說明他們以文藝推動革命的本質。

142劉惠璇，〈清末民初南社的革命活動及其局限〉，《警專學報》，第四期（民國八十年六月）。

此為有關南社研究之最新論文，作者將重點轉移至南社革命本質的探討，而對辛亥前後南社諸子的分途及結論中指南社為過渡型社團之代表的觀點，是全文中較具特色者。由於有前人的研究為基礎，故此文雖短，但對於南社與政治、革命的關聯，仍能作深入的研究。

(9)其他

143王爾敏，〈上海中外會防局始末〉，《中央研究院歷史語言研究所集刊》，第五十一本第一分冊（民國六十九年三月），頁七一—九五。

上海中外會防局，創設於一八六二年，而於一八六六年裁撤，乃因應太平軍兩度東征，對上海口岸形成包圍，洋兵捲入中國內戰的形勢而生。作者指出，上海中外會防，固足以保上海之安全，惟真正蒙其利者，實為英法列強，自此租界之擴張，外人租界自主漸次確定。

144王爾敏，〈一八五四年上海「泥城之戰」原圖〉，《中央研究院近代史研究所集刊》，第十四期（民國七十四年六月），頁三七一—三七五。

145王爾敏，〈五口通商初期上海地區暴亂事件所反映秘密社會之生機及適存環境〉，《香港中文大學中國文化研究所學報》，第十三期（民國七十年），頁二六。

146盧耀華，〈上海小刀會的源流〉，《食貨月刊》，復刊第三卷第五期（民國六十二年八月），頁九—二一。

作者認為，上海小刀會承襲廣東小刀會而來，為劉麗川於一八四九至一八五一年間所創。該會由七幫組成，其成員主要來自下層階級，這正反映了五方雜處的上海社會。

147李達嘉，〈上海商人的政治意識和政治參與（一九〇五—一九一一）〉，《中央研究院近代史研究所集刊》，第二十二期（民國八十二年六月），頁四九。

除上舉三十多篇學術性論文外，滬上人物與春申掌故亦為一般雜誌、文獻期刊與報紙副刊最喜歡刊登，取材不盡的對象，平常散見於《傳記文學》、《中外雜誌》、《江蘇文獻》、《暢流》、《春秋》等刊物，以及《中央日報》等副刊，限於篇幅，不擬在此一一列舉。

(四)博、碩士論文的寫作

目前臺灣各大學設有歷史研究所者，已有臺灣大學、師範大學、政治大學、文化大學、輔仁大學、清華大學、中正大學、成功大學、中興大學九校，其中臺大、師大、政大、文大四校有博士班。但本文所舉並不以歷史所為限，凡政治所、經濟所、外交所、三民所等均有可能以上海為研究對象，傳統史學研究輔以社會科學方法，相激相盪，相得益彰，亦學術進步之道也。

學院中有關上海的博、碩士論文，數量雖不豐，但間有名師指導，時間從容，在題目方面偶有新意出現，亦不乏用力之作。茲分已完稿與正在從事者兩方面，稍作介紹：

1已完稿者

上海研究在大學中並不算熱門，截至目前為止，僅見有碩士論文完成，茲舉作者與題目如下：

201徐平國，《上海會審公廨探微》，臺灣大學歷史所，民國六十九年六月，一一九頁。

本文以會審公廨為經，探討外人來華之真正心態，乃是求取冒險的利益；而由公廨衍生的巡捕，更是中西交會時產生的一個畸形司法怪物。本文引用資料貧乏，分量似嫌單薄，故乏精彩之創見。

202張家昀，《上海萬國商團之研究》，文化大學歷史所，民國七十一年一月，一〇七頁。

本文先述上海商團創立的緣起，最後論商團活動的背景，包括英、美各國國內義勇軍制度的源流，列強海外僑民商團的作用，在華外僑商團分布情形以及國人所仿傚的商團。

203鄭亦芳，《上海錢莊的興衰（一八四三－一九三七）》，師範大學歷史所，民國六十八年六月。

本文經修訂後，由中央研究院三民主義研究所以《上海錢莊——中國傳統金融業的蛻變》書名出版，見前舉。

204張建國，《辛亥革命前後上海地區革命運動之研究（一九〇三－一九一一）》，政治大學三民所，民國六十五年。

本文分七章，共七萬餘言，先說明上海在中國革命運動中所占之地位及其重要性；其次探討上海地區革命運動的重要團體、學校及言論機關；最後敘述上海的光復及支援國內各地起義之經過。

205張梅芝，《中國現代企業的經營型態——以劉鴻生企業為例的個案研究（一九一一－一九四九）》，師範大學歷史所，民國七十六年六月，二三五頁。

劉鴻生在上海素有「火柴大王」的美稱，本文以劉鴻生企業的整體發展為探討主題，研究其在企業經營型態上具有何種特色，並觀察政治、經濟、社會等因素對其經營型態的影響。

206朱瑞月，《申報反映下的上海社會變遷（一八九五－一九二七）》，師範大學歷史所，民國七十九年六月，二八四頁。

本文共分五章，分別探討《申報》媒體的發展、上海的商人階層、勞工階層、自由職業者以及婦女，其中以商人的社會地位最高，凝聚力也最強。

207邱淑芬，《論清黨前後上海勞工運動的意義》，師範大學三民所，民國七十五年六月，二三二頁。

本文以上海為中心，探討清黨前後勞工運動的種種問題，諸如勞工運動的特質、帝國主義與勞工運動、工會和勞工運動、黨派和勞工運動等，較偏重「外部」的敘述，即就大環境與工運的關係上著眼。

208黃銘明，《北伐前後上海的工人運動（一九二五－一九二八）》，師範大學歷史所，民國八十年六月。

本文主要取材《申報》和《民國日報》，以工人的實際行動為觀察對象，也即偏向「內部」的探討，重在工潮本身。對於國共兩黨與工運的關係，亦有深入探討。

209鄭麗榕，《九一八時期上海的對日經濟絕交運動》，政治大學歷史所，民國七十八年六月，一一七頁。

本文除緒論、結論外，共四章十四節，分別討論運動的經過、領導團體、輿論、中日政府態度及運動的影響。結論指出，上海的對日經濟絕交運動雖給予日本對華貿易、在滬工商業一時的挫折，但就整個經濟層面而言，其影響卻十分有限。

210李君山，《論抗戰時期京滬地區作戰》，臺灣大學歷史所，民國八十年六月，一九二頁。

本文與上海有關係的有二章：第一章討論淞滬戰役和國防線作戰的決策、經過以及戰場實況，重點放在描寫戰況的艱苦、國軍的犧牲，以及戰力的斲喪；第二章對淞滬之役的原初目標，以及幾種流行的說法和評價，加以檢討與批判。

211黃德倫，《上海娼妓之研究（一八四〇—一九三七）》，東海大學歷史所，民國八十年六月，二〇三頁。

本文以社會變遷的角度說明上海娼妓與起以後，逐漸脫離傳統秦淮畫舫式的侑酒彈唱的賣藝方式，轉為書寓的色藝兼重，再至以陪客留宿的色藝買賣，次第蛻變為近代都會的娼妓營業形式；從人口結構異質化及複雜化的角度說明，文人墨客、富商豪賈不再是唯一的營業對象，而以長三、么二、書寓、野雞及外國娼妓等招徠各階層的華洋人士。而上海娼妓之所以繁盛，還有官場挾妓、租界當局包庇、惡勢力滲入等社會風氣的因素。

212葉梅蘭，《南京國民政府時期的上海勞工運動（一九二七—一九三六）》，政治大學歷史所，民國八十一年六月。

這是第三篇研究上海工運的碩士論文，本文主要透過這十年間工人處境的轉變，工潮、工會的變遷，社會經濟局勢的運轉以及國民黨政策的了解，來析論工運與經濟的牽連以及國民黨對工運所造成的影響。

213吳仁棠，《清末「申報」的社論——政治層面評析（一八七二—一九〇五）》，文化大學史研所，民國八十一年六月。

2 進行中之研究

進行中之上海研究，有博、碩士論文，因資料尚未公開，取得資訊較為困難，本文主要透過兩個途徑：一是取材自《漢學研究通訊》；一是參考各校博、碩士研究生向教育部申請中國現代史獎學金的資料，故遺漏在所難免。

214 姜仁奎，《基督教在上海之發展》（自開埠至一九三七年），師範大學歷史所博士班。

本文將以上海地區為主軸，探討基督教傳入、發展及本土化的過程。

215 李達嘉，《商人與政治──以上海為中心的探討（一八九五－一九二七）》，臺灣大學歷史所博士班。

本文以自清末以來，在政治、經濟、社會各個層面都扮演重要角色的商人為主體，探討現代中國民間勢力崛起的政治因素，以及新興民間勢力對政治發展的影響。大致認為，影響清末民初商人政治態度和動向的因素，主要是民族危機感、救亡圖存意識、地方商業利益，和對清廷或國民黨人的不滿，而非「階級意識」，此與資產階級革命論大異其趣。

216 林秀美，《北京政府時期英國駐滬領事之研究（一九一二－一九二八）》，政治大學歷史所碩士班。

本文擬從英國駐上海領事與公共租界、中國政府及英國政府等三個層面的關係及交往情形，完整的呈現英國領事的角色，並具體評估其對上海的發展乃至整個英國對華政策的影響力。

217倪心正，《政治控制與新聞媒體之關係——上海「申報」個案研究（一九三一—一九四九）》，師範大學歷史所碩士班。

《申報》是在中國發行時間最長的報紙之一，本文將透過對《申報》社論、主要報人、對政治事件報導態度等方面的研究，觀察《申報》在不同的政治勢力下，與當政者或對立衝突、或妥協的過程。

218張桓忠，《上海總商會研究》，師範大學歷史所碩士班。

上海總商會位居商會的領導地位，有中國「第一商會」的美稱。本文擬探討以下幾個問題：(1)瞭解上海商人在清末民初與中央政權的離合關係以及民權意識覺醒的過程；(2)上海總商會對上海的經濟發生了多大作用？上海社會的變遷與新思潮的衝擊，對上海總商會有多大的影響？(3)從上海總商會會員及會董的地緣、業緣關係，觀察上海一地地緣與業緣勢力的消長。

219陳香杏，《「南社」研究（一九〇九—一九二三）》，師範大學歷史所碩士班。

南社是清末民初以上海為活動中心的革命文藝團體，雖然組織較為鬆散，但有其影響和地位。作者擬就其成立的時代背景、組織活動、成員分析與革命的關係等方面作一整體的研究，為南社作一較客觀的定位。

220陳依悌，《觀察周刊研究（一九四六—一九四八）——對動盪時局知識分子角色的考察》，東海大學歷史所碩士班。

《觀察》周刊是民國三十五年九月抗戰勝利後，由一群富有時代關懷及民主理念的知識分子，在上海創刊出版的一份政論性刊物（主編儲安平），且是一份有濃厚自由主義色彩的雜誌。在戰後政局動盪不安時，知識分子應扮演何種角色？他們的主張是否合乎時宜？他們的努力又為何失敗？這是作者想透過《觀察》周刊作為研究的對象。

221連玲玲，《大眾消費社會的發軔——上海近代百貨公司之研究》，東海大學歷史所碩士班。

本研究除對百貨業史、上海四大百貨公司作一綜合觀察外，也希望從企業內部探討其組織結構、業主特質、人事任用、員工在職訓練以及集資方式、財務規劃、會計制度、行銷策略等；從企業外部，瞭解市民消費型態、百貨業所發揮的社會功能以及對其他行業所產生的影響。

222劉瑞寬，《上海地區美術團體之研究（一八九〇—一九三七）》，政治大學歷史所。

(五)回顧與展望

從以上的簡單介紹，大致可以得到一個鮮明的印象，即自臺灣光復四十多年以來，學術界有關上海的學術性論著不過七本，加上九種通俗性的出版品，總共不過十六種；另外有三十一篇論文，加上二十三篇已完稿或正在進行中的博碩士專題。而專書加上論文總共不到七十篇；換言之，每年平均產量不到兩篇。這個成果就量而言，確實並不怎麼豐碩，就質的研究水準來說，大陸上海研究中心的朱弘也有不客氣的批評，他認為「無論是與大陸學者比，還是與某些外國學者相比，似都稍遜一籌」⓫。但即使如此，比起其他的城市或區域研究成果，個人覺得，可能已經相當難能可貴了。

臺灣的上海研究風氣，所以不如大陸或歐美地區興盛，除了受到時空的阻隔與資料的限制外，和其他的專題或區域研究（臺灣除外）一樣，有幾點可以檢討的現象：

(1) 多為個別、零星從事，往往各自為政，沒有規劃，缺乏累積統合，無法有系統的對上海作全面性觀照，故一方面留下不少空白，一方面卻不能在論題上推陳出新，難免在內容上流於炒冷飯或重複。

(2) 臺灣至今尚未舉辦過以上海為主題的較大型學術研討會，缺乏國際性交流或類似柏克萊

⓫ 朱弘，〈興盛、挑戰、反思——上海研究雜記〉，收入《論上海研究》，頁二五—二六。（上海研究中心編，復旦大學出版，一九九一年十月。）

加州大學與康乃爾大學跨校間的小組式討論，也即同行學者之間難有相互切磋討論的機會。

(3)在研究趨勢上深受資料導向的影響。例如，由於上海《申報》的再版發行，至少便產生了朱瑞月、吳仁棠、倪心正三篇碩士論文，以及黃克武的一篇由《申報》醫藥廣告看醫療文化和社會生活的有趣文章。同樣的，其他大量參考《申報》或上海《民國日報》而寫出來的論文，恐尚不止此數。

隨著大陸的開放和兩岸學術交流的日益開展，對臺灣學術研究資料的取得，確實產生良好的影響。一般而言，臺灣學者本身受過完整的史學訓練，大多曾留學歐、美、日等國家，能參考利用外文資料，能充分掌握並精通善用學術資訊。更重要的是，比較沒有意識型態的包袱，並以心胸開闊的世界視野自許。在這批具有留學背景，或視野較開闊的前輩學者指導薰陶下，時下一些剛投入研究行列的新人，已表現出「青出於藍」，「一代勝過一代」的可喜現象，可得而談者有下列幾點：

(1)除傳統的史學研究外，已能逐步借重社會科學的理論和方法；

(2)廣泛參考歐、美、日學者已有的研究成果，並加討論；

(3)引用大陸資料的比例已大量增加，克服了過去資料嚴重不足的缺陷。

城市史的研究，固然有它豐富的內涵和錯綜複雜的一面；但從宏觀的角度看，它不能與國史切割，獨立發展，而必須擺在國史的脈絡中，才能找到適當的定位。以上海而論，它更不能與近代中外關係史脫節，否則便無法掌握它演變和發展的軌跡。因此，個人並不贊成，上海研究成為一個獨立的研究領域，發展成為「上海學」，因為抽掉「史」的成分，可能是一個非驢非馬的東西！

總而言之，臺灣的上海研究，過去四十年雖因主觀條件和客觀因素的限制而有所不足，但隨著兩岸學術交流的日益頻繁，資料取得的更加方便，加上臺灣原有的基礎，相信未來十年必有較大突破，將產生新面貌，至少在選題上將更多樣化，在成果方面必有推陳出新之作。這是史學界共同的期待，也是個人撰寫本文的最大心願。

（原載國史館編，《中華民國史專題論文集》，第二輯，民國八十二年十二月）

陸　著作評介

七　評劉惠吾編《上海近代史（上）》

編　著　者：劉惠吾
書　　　名：《上海近代史（上）》
出　版　者：上海華東師範大學出版社
出版時間：一九八五年一月
頁　　　數：正文四〇五頁，附錄二十五頁

(一)前言

上海在我國近代史上，甚至中外關係史上，都占著極重要的地位。上海也是近代中國的一個縮影，素有「外國冒險家的樂園」、「被出賣的城市」之稱。美國哈佛大學教授墨斐(Rhoads Murphey)

曾說過：

> 從上海，中國第一次學習到治外法權、礮艦外交、租界與十九世紀歐洲侵略精神等等教訓。上海比其他任何地區更明顯的，它是兩種文化的會合點：一方面是理性的、守法的、科學的、工業化的、有效能的、擴張的西方文化；一方面又是傳統的、直覺的、人道的、農業的、低效能的、退隱的中國文化。因此，中國面對西方挑戰的反應，起於上海；上海也是近代中國之誕生地。❶

上海的地位既如此重要，站在中國人的立場，以中文編寫一部通論性的上海近代史，是十分必要的。過去大陸學者對上海地區史的研究貢獻，大致可以歸納為三方面來敘述：第一是文獻的整編與出版，先後出版了《上海小刀會起義史料匯編》（一九五八）、《上海解放前後物價資料匯編》（一九五八）、《五四運動在上海史料選輯》（一九六〇）、《辛亥革命在上海史料選輯》（一九八一）、《一二九以後上海救國會史料選輯》（一九八七）、《上海文史資料選輯》等；第二是舊籍的再版重印，已知的有徐公肅、丘瑾璋合著的《上海公共租界制度》，與蒯世勛等文，併為《上

❶ Rhoads Murphey, *Shanghai, Key to Modern China* (Cambridge, Harvard University Press, 1953), Introductory, p. 3.

海公共租界史稿》（上海人民，一九八〇）；第三是專書的研究和出版，例如《上海開埠初期對外貿易研究》（黃葦，一九六一）、《上海外貿史話》（上海人民，一九七六）、《上海風物志》（上海文化，一九八二）、《上海港史話》（上海人民，一九七九）、《上海港史》（金成立，北平，一九八六）、《舊上海的外商與買辦》（上海人民，一九八七）、《上海史研究》（上海學林，一九八四）、《上海學生運動史，一九四五—四九》（上海人民，一九八三）、《上海青運史研究》（上海共青團研究室，一九八七），以及劉惠吾所編的這本《上海近代史》等，雖多屬小冊子型的著作，但數量上亦頗有可觀。

(二)內容概要

《上海近代史（上）》係二十四開本平裝著作，全書共四三〇頁，除前言外，共分八章，約二十八萬言，書前並附刊有關上海的歷史圖片近三十幅，甚為珍貴，且以上海外灘做為封面設計，新穎活潑，頗為醒目。

第一章敘「開埠前的上海」，它是上海在漫長的歲月裡歷經滄桑巨變而形成和發展的記錄。本章共分四節，第一節上海的成陸及其歷史沿革，說明上海陸地和黃浦江水系的形成，為人們提供了廣闊的活動舞臺，為城市的興起和發展提供了良好的地理基礎。隨著社會經濟的發展，上海從一個海濱漁村逐漸演變成為東南都會。第二節日益發展的經濟生活，指出自明中葉到鴉片戰爭前夕，以商業性農業、棉紡織業和航運業為基礎的上海地區的經濟已發展到較高的水平。第三節悠久的文化傳統，強調在發展經濟的同時，古代上海人也創造了燦爛的文化，稱得上是「物華天寶，人傑地靈」，在學術、科技、文藝等方面卓有成就的歷史人物，有徐光啟、黃道婆、王圻、陸深、董其昌、吳歷、黃之雋、張照、夏秉衡、夏完淳等人。第四節西方殖民者的垂涎和窺刺，從上海的繁榮與發展，自然引起英國的注意，東印度公司派出「阿美士德」(Amherst) 號在林賽 (H. H. Lindsay) 與郭士立 (C. Gutzlaff) 率領下，對上海窺刺的結果，認為「上海地位的重要，僅次於廣州」，乃擴大對華貿易的最好通商口岸。

第二章標題是「外國租界的開端」。亦有四節，第一節上海抗英之戰，敘述一八四二年在第一次鴉片戰爭期間，上海軍民奮起抗英的經過；第二節「土地章程」和第一塊外國租界的出現，縷述上海自南京條約開埠後，英國領事巴富爾 (G. Balfour) 不僅租屋，並擅自劃界，而且與上海道臺宮慕久訂定「上海土地章程」，取得第一塊居留地與管轄權的經過。其後，美、法領事跟進，也爭取到類似的利權。第三節青浦事件與租界的擴大，指出英人利用青浦事件❷，以武力恐嚇清

---

❷ 一八四八年三月八日，英國傳教士麥都思(W. H. Medhurst)、雒魏林(W. Lockhart)、慕維廉(W. Muirhead)三人違反外國人不許到內地遊歷的規定，擅自乘船前往距上海九十里的青浦活動。當他們在青浦城隍廟裡向群眾散發宗教小冊子時，與看守停運漕船的水手發生衝突，雒魏林出杖毆打水手，因而激起眾憤。

廷官吏，達到擴充租界的要求。第四節開埠初期的上海，列舉此時上海的外僑人數以及洋行的設立和進出口貿易的數額。

第三章追溯「太平天國時代的上海」。共分六節，其子題分別是(1)在太平軍勝利進軍聲中；(2)小刀會起義；(3)上海海關的被劫和泥城之戰；(4)土地章程的第一次修改和工部局的成立；(5)中外反動勢力對小刀會的聯合鎮壓；(6)太平軍對上海的進攻。內容偏重歷史性的敘述，並分析從小刀會起義到太平軍進攻上海的過程中，外人態度由「中立政策」轉變為武裝干預的經過。

第四章討論租界的擴張和發展，所冠標題是「租界的不斷擴張和上海人民的反抗鬥爭」。亦有六節，分別為(1)法租界的獨自為政；(2)「上海自由市」的陰謀的破產和英美租界的合併；(3)一八六九年的「土地章程」；(4)會審公堂；(5)四明公所事件與中法戰爭期間的法租界；(6)英美租界勢力的進一步擴張。

第五章較有意思，探討的是「近代企業的產生及其初步發展」。共分四節，第一節近代企業在上海的產生，介紹了航運業的輪船公司、船廠和加工廠，以及新式銀行，乃至煤氣、自來水、電燈等公用事業的創設。回應之下，清政府也在上海開設了全國規模最大的兵工廠——江南製造局。第二節金融風潮後的外國企業和搖籃中的民族資本企業，指出上海先後爆發了兩次金融風潮，

在鬥毆中，這三個人被打了幾下，僅受輕傷。青浦縣令金鎔將麥都思等護送至縣署，再由專人送回上海。這就是所謂「青浦事件」。參閱原書，頁六七—六八。

一次在一八六六年，銀行業受到了沉重的打擊；一次在一八八三年，受打擊最重的是財力薄弱的中國民族企業。第三節上海近代企業的初步發展，談到至甲午戰爭前夕，上海約有上百家近代企業，但多數是由外國資本經營的。由國人籌設的有上海機器織布局，以及紡織廠、軋衣廠、繅絲廠、火柴廠等。第四節半殖民地半封建社會的產兒——買辦，討論買辦制度與買辦的地位。

第六章「殖民者的文化侵略」，顧名思義，作者所要探討的是西方殖民者在上海的文化侵略活動。第一節教會及其主要活動，介紹了耶穌會士和基督教傳教士在上海建立教堂、辦理慈善事業的種種活動。第二節洋學堂的興辦，指出從開埠前後到一九〇〇年的六十餘年中，外國殖民者在上海共創立學校六十一所，其中小學三十三所，中學二十五所，大學三所，其目的在培養洋奴和殖民者所需要的各種人才，最終為他們的整個侵略計劃而服務。第三節新聞和出版事業，強調從十九世紀初到十九世紀末，外國人在中國共創辦了近二百種中、外文報刊，占當時報刊總數的百分之八十以上，幾乎完全控制了我國的新聞出版事業。除報刊外，外國殖民者也成立出版機構（如廣學會之翻譯出版書籍），並設立圖書館，以收藏各類中外文書籍。

第七章以「民族民主運動在上海的興起」為題，所占篇幅最多，有八十五頁，占全書五分之一。共分八節，分別討論了維新運動、租界擴張、東南互保、拒俄運動與蘇報案、抵制美貨運動、閘北問題、資產階級力量的增長和地方自治運動、資產階級革命運動的發展等主題，特別指出上海由於存在著一個頗為活躍的資產階級和租界這個特殊的庇護所，所以在維新、立憲、革命運動等過程中，都扮演了舉足輕重的地位。

第八章直接以「辛亥革命在上海」為題，分別敘述了上海的光復、從南北議和到二次革命、會審公堂的改組、上海城牆的拆除和閘北的興起、上海城市面貌的變化等五個子題。最有意思的是，它介紹了上海在政治、經濟、文化、社會各方面殖民地半殖民地化的一些變貌。

(三)值得稱述的一面

地方史、城市史的研究，是晚近當令風行的潮流。據個人所知，在城市史方面，最近陸續出版的有《北京史》(北大歷史系，一九八五)、《天津近代史》(來新夏編，天津，一九八七)《威海衛市志，一三九八—一九八二》(該市編委會，一九八六)、《連雲港港史》(盧其昌編，北京，一九八七)、《青島海港史》(壽楊賓編撰，北京，一九八六)、《澳門史》(黃鴻釗撰，香港商務，一九八七)，以及《中國城市百科叢書》中的保定市、成都市、安陽市等。《上海近代史》的出版，無疑也可視為這一系列研究成果的展現。

編寫一部上海近代史，固然是十分必要的，但誠如作者在前言中所指出，工作也是十分艱鉅的。首先是資料的問題，有關上海歷史的中外文獻資料汗牛充棟，浩如煙海，而且異常雜亂，如何遍尋廣覓，而後加以爬梳整理？如何從前人車載斗量的研究成果中去蕪存菁？可不是一件容易的事。最重要的是架構問題，一部上海史，可以說是一部多面相錯綜複雜的歷史，如何不把上海史寫成單純的一部租界擴張史，如何拿捏得準不把它局限成一部革命史或黨史，抑立場狹窄的一部反抗外國人殖民的歷史，而能全面觀照到政治、軍事、經濟、文化各方面的演進，實在不是一件簡單的事。編者在事先既已思考過這樣一個嚴肅的問題，所以在章節的安排上，在內容的比重上，大致還能夠保持平衡，兼顧到各方面的發展。

其次，作者就事論事，對於清末上海的地方自治（上冊）和國民政府時期所實施的「大上海計劃」（下冊）也做了討論分析，並不故意抹殺。這本是史學工作者應持的基本態度，但對照以往大陸學者動輒持否定立場的情形而言，已是難能可貴之事。

或許主要在滿足教學的需要，所以本書在內容方面只稱得上「平實」二字，並無新穎突出之處。書後所附的上海大事記、上海道臺年表、工部局總董年表、公董局總董年表、外國人名譯名表，雖稍嫌簡略，但仍有一定的參考價值。

(四)有待商榷之處

看完本書，最不習慣的就是，做為一部城市史，全書仍充滿意識型態式的教條和濃厚的批判態度。首先，作者運用馬克思主義史觀，處處標榜的是「人民」的利益、「人民」的貢獻，所以在行文中充滿階級意識濃厚的「人民」字眼。在編者眼中，這個「人民」顯然必定與統治階級或資產階級相對立的。而這個「人民」為紀念徐光啟這位偉大的科學家，從明末開始就保留了他的不少歷史遺跡（頁二九）。編者又指出，明代上海城牆的興築，也是上海「人民」共同努力的結果，對保衛上海起了一定的作用。此後，倭寇雖然多次來犯，終未能入城（頁一三）。如果將前述的上海「人民」改成上海人，是不是比較合乎史實，也可免去那虛幻而刺眼的階級意識了。

其次，編者始終僵硬的站在反帝反封建的立場，對外國殖民者、傳教士，甚至買辦，予以無情的批判和撻伐。例如，對買辦的正面功能殊少提及，而一味指其為「甘當外國侵略者鷹犬的唯利是圖者」（頁二三一），謂買辦與外國資本家的關係名義上是僱傭關係，實質上是主奴關係，買辦被殖民者所豢養（頁二三二），並批評他們一方面過著奢侈淫靡的生活，一方面又視錢如命，有若「守財奴」（頁二三七）。凡此均不無以偏概全，或刻意渲染醜化之嫌。

最後，在資料的引用上仍有其局限性，不夠寬廣，不夠新穎。一般而言，引用較多的仍是《上海通志館期刊》（尤其董樞、席滌塵之文）、《上海研究資料》、《上海研究資料續集》以及王揖唐、岑德彰、徐公肅、夏晉麟等這些一九三〇年代的舊資料，英文方面仍不脫H. B. Morse, Lanning & Couling, Kotenev, Tyler Dennett等人的舊作。而於上海本身珍藏極為豐富的工部局檔案、上海法國領事館檔案，甚至上海特別市公安局檔案，均一無開發利用，殊為可惜。

對近人的著作，甚少涉獵並加引用，也是一大缺憾！例如，討論外國投資與中國經濟現代化的關係，若能參考侯繼明的專著❸，或許有較為持平的看法。固然我們絕不輕估經濟帝國主義對中國經濟現代化的阻力，但必須指出，外資在某些方面也有助於中國的經濟現代化。這一看法不但可徵諸於中外企業的共存性，也可以由中國對外國經濟入侵的反應中看出：「報復作用」點燃了經濟民族主義的火花；「模倣作用」引起了見賢思齊的壯志；而「連鎖作用」則是某一項近代經濟企業向前和向後連鎖式地誘導並刺激其他相關的近代企業❹。作者也未觸及上海這個通商口岸與中國現代化的一般關係，若能參考墨斐的另一篇大文："Treaty Ports and China's Modernization: What Went Wrong?"❺則可以得知，為什麼中國的通商口岸對中國的現代化影響不大？一部分是由於中國的傳統經濟有韌力，相當地抗拒了外來的經濟入侵，一部分也是因為中國民族的「認同感」太強，不易短期間內接受外來文化；於是孤島式的通商口岸與中國的廣大農村之間，終成為互不了解的「兩個世界」❻。此外，像郝延平、全漢昇、山口昇、Mark Elvin、W. Skinner、

❸ Chi-ming Hou（侯繼明）,*Foreign investment and economic development in China*, 1840–1937 (Cambridge, Harvard University Press, 1965.)

❹ 郝延平，〈亞洲研究譯叢東亞近代化專輯序〉，《食貨月刊》，復刊第一卷第五期（民國六十年八月），頁一六。

❺ Rhoads Murphey, "Treaty Ports and China's Modernization: What Went Wrong?"(Ann Arbor: *Michigan Papers in Chinese Studies*, No. 7, 1970), pp. 1–8, 22–25, 49–60.

Elizabeth J. Perry、M-C Bergère等人的著作，均未見參考，在此不一一備舉，總是令人相當遺憾！

再者，本書中有不少注釋的資料不全，常見只有作者的姓名和書名，而沒有開列出版者名字、時間和頁次，不但查考困難，也不符合學術的規範，同樣是美中不足之處！

(五)對本書的評價

本書上冊以辛亥革命為下限，大約敘述了七、八十年的帝國主義侵略上海的活動記錄，內容仍以政治史、外交史為主。做為一本教學用的基本教材，本書對於全盤有系統的瞭解歷史的上海，自有其開創性的正面貢獻；但若做為一本研究性的專著，則顯有不足，因為它所參考引用的資料老舊，缺乏深入，難免摭拾舊聞，殊少創見。更重要的是，一部史書，尤其一部成功的史書，若不必要的教條與口號穿插太多，道德批判的成分過濃，不僅是史家之大忌，也將使內容為之減色不少！

（原載《中國現代史書評選輯(五)》，民國七十九年四月）

❻ 郝延平，前引文。

八　評徐鼎新、錢小明著《上海總商會史》

著　者：徐鼎新、錢小明

書　名：上海總商會史（一九〇二—一九二九）

出版者：上海社會科學院出版社

出版時間：一九九一年七月第一版

字　數：約三十六萬言

頁　數：四五四頁

(一)前言

大陸史學界繼「七五」期間將城市史規劃為國家社科（近代）重點研究的課題，成為「四化」政策、改革開放聲浪中的新興史學領域之後❶，接著又開展商會史的專題研究。開展商會史的研究，首先必須從各地商會史資料的整理和出版著手，已知在整理編輯中的有上海、天津、蘇州、北京商會史料，其中的《上海總商會史料叢編》，由上海復旦大學及上海工商聯史料室合編，包括上海總商會議案錄、辦事報告、往來函電，共約四百萬字，是相當珍貴的史料，目前收藏於上海工商聯史料室。已出版者則有《天津商會檔案匯編》（一九一二—一九二八），是該書清末部分（一九〇三—一九一一）的續編，它收錄了從北洋時期天津商會及與京、滬、漢、直隸及東北等地的商會、中華全國商會聯合會等相關的四千五百餘件檔案中精選的五千餘篇重要文獻，總字數約四百萬字，除詳細反映了北洋軍閥起家的社會經濟面貌和許多重大歷史事件外，亦為研究北洋軍閥史必不可少的第一手資料❷。

❶ 葉文心，〈記柏克萊、康乃爾兩大學在魯斯基金贊助下的兩次「上海近代城市」研討會〉，《近代中國史研究通訊》，第十五期，民國八十二年三月，頁一九。

❷ 有關大陸各地商會史料的整編情形，請參閱：楊立強，〈商會檔案整理狀況介紹〉，《歷史研究》，一九八七年第四期；楊立強，〈整理編輯中的「上海總商會史料叢編」〉，《中國近代經濟史研究資料》，第九期；楊立強，〈中國商會史研究について——從中國商會檔案的整理談幾個學術問題〉，《近きに在りて》，第十八號，一九九〇年十一月。

大陸學者論「解放」以來四十年間的上海史研究，大體經歷了三個階段：

(1)被概括為「不是上海的上海史」，其基本特點是，上海不是作為一個獨立的學科被提出研究，它只是在歷史學所提出的一系列重大課題之下而被涉及和捎帶，把它作為某一課題的一種典型、縮影或例證進行研究。因此，儘管也產生不少成果，但總的感覺是比較零碎而不成系統。

(2)被稱之為「全面的上海史」，亦即以上海作為研究的主角，進行政治、經濟、文化的綜合性研究，集大成之作為唐振宇主編的《上海史》。

(3)被認為是「城市意識的萌發」，亦即許多研究者的重點開始從歷史的總結轉向城市本身，力圖把上海研究的各個課題與整個上海城市的發展聯繫起來，在這一學術指導下所出現的一批成果中，堪稱奠基之作的，當首推張仲禮主編的《近代上海城市研究》❸。無論如何，將城市史與商會史兩者結合，遂有《上海總商會史》的誕生。

全書共十一章，原定第一、二、七至十一章由徐鼎新執筆，第三—六章由錢小明擔任，但錢小明在完成第三章初稿後，因事出國赴美，故實際上全書除第三章外幾乎由徐鼎新一手獨立完成。是書出版之後，可謂佳評如潮，有譽之為「近十年來史學論著中，一本甚為優秀之作」❹，有認

❸ 朱弘，〈城市研究與上海研究的新實踐〉，《近代史研究》，一九九二年第二期，頁二九一。

❹ 黃逸平，〈公正客觀評價中國資產階級的歷史作用——徐鼎新著《上海總商會史》讀后〉，《社會科學》，一九九二年第七期。

為「它內容充實，史論兼備，是一部有價值的著作」❺。茲分項作一較完整的介紹。

(二)內容概要

《上海總商會史》係二十四開平裝本著作，全書共四五四頁，約三十六萬言。除丁日初序、作者自撰的前言外，共分十一章，每章下少則兩節，多則五節。通觀全書，誠如丁序所言，它包括以下四方面的內容：(1)上海商會早期機構的建立和以後的革新；(2)自一九〇五年起參與歷次重大的反帝運動；(3)各個歷史時期的經濟活動；(4)各個歷史時期的政治活動❻。第一章標題為「孕育上海商會的社會內在經濟、思想、文化諸因素」。第一節介紹上海二十世紀前後資本主義經濟的發展情形，第二節分析近代社會思潮對上海工商界的衝擊和影響。上海商會組織素有「中國第一商會」之美稱，作者認為，「它是當時中國社會母體內孳生和初步發展起來的新興民族資本主義經濟的產物，也是近代思想文化傳播和發展的產物。因此，商會產生的兩大要素，一是內在經濟的需要，一是外在西力的衝擊、西學的傳播，所以，上海商界中人，或因受雇於在滬的外商企

❺ 汪敬虞，〈中國資產階級研究的重要收穫——「上海總商會史」讀后〉，《近代史研究》，一九九二年第四期，頁二九六。

❻ 丁日初序，頁二。

業，或因從事商品進出口貿易的購銷活動，與外商頻繁交接，並在西學傳播的影響下較早得資本主義風氣之先，因而，要求仿效外國成例，組織新型的資產階級社會團體——商會的呼聲，很快便在上海形成一種強烈的社會輿論」❼。

第二章逐漸進入本題——「上海商會的發軔及其組織構成」。共分二節，第一節先介紹一九○二年成立的上海商業會議公所，就其成員的地域分布、組織結構及其所發揮的功能作一檢討。大致而言，這個處於初創階段的上海商業會議公所，成員以浙江籍占主要比重，屬「紳商領導體制」，但由於兼收並蓄各行幫勢力，組織比較鬆散，所以在整個對外商約談判過程中，較難作出全局性的考慮，所能發揮的作用尚屬有限。第二節討論上海商務總會的建立及其構成、職能分析。一九○四年上海商業會議公所改組為上海商務總會，新組成的商務總會取消了總董制，而採取議董（或稱會董）集體領導、總協理全權負責的單一領導體制。作者認為，自此「形成一種集中代表民族資產階級利益和意志的社會輿論和階級行為」，這是一種「符合時代潮流的歷史進步現象」。

第三章以「一九○五年反美愛國運動與上海商務總會」為題，敘述在這次的反美愛國運動中，上海商務總會的領導核心內部在認識上、態度上和行動上並不完全協調一致，但由於議董曾鑄（少卿）的果敢行為所產生的中流砥柱作用，使上海商務總會在上海商界和全國商界中的聲譽不僅未曾減弱，反而更加上升。

❼ 原書，頁一。

在第四章「清末社會動盪變亂與上海商務總會的對策」中，作者指出，除了帶領工商界用抵制美貨的手段進行激烈的抗爭外，上海商務總會也不得不花費大量的精力面對清末社會的動盪變亂和具有連鎖反應的金融恐慌，作出挽救市面和自保圖存的應變對策。

第五章「辛亥革命前後上海商務總會（總商會）的政治活動」。這是本書的重要課題之一，它用四節五十頁的篇幅分四個單元，分析了上海商會的政治態度。第一節是以市政為中心的地方自治，上海商務總會雖然並不直接出面參與組建總工程局，但總工程局的領導層內有不少人是上海商務總會的重要成員。另外，商團在上海的建立及其力量的不斷擴展，也與商務總會、滬南分會的積極領導、推動和支持是分不開的。第二節上海商會對前後三次的國會請願，表現出迫切心情和支持行動，但隨著立憲的失敗，上海上層資本家中的一部分對清政府的幻想最後破滅，終於選擇了革命的道路，參加了同盟會。第三節題為「同心協力，光復上海」，重點有三：(1)在上海起義過程中，上海商務總會始終比較審慎行事。在事態的發展尚未完全明朗以前，它不以團體名義作任何表態，但卻默許它的成員發表反清革命的言論和投身起義的行動。在關鍵時刻，它還曾發揮過為其他團體或個人所不能取代的特殊作用。(2)及上海軍政府成立後，為籌措革命經費，上海商會中人也是盡心竭力的。例如：由沈縵雲、周舜卿經營的信成銀行和由虞洽卿經營的四明銀行，都曾積極為起義軍提供經費。(3)當坐鎮北方的袁世凱伺機篡奪革命成果之際，上海商會部分人士曾發起各種政團組織，如共和建設會、中華民國預備會、商界共和團、中華進步黨等，抨擊君主專制制度，堅持共和建設的政治目標。第四節論及「二次革命與上海商會的態度」。宋案發生後，由於袁世凱的部署運作，原來同心光復上海，傾向革命的上海工商界人士，發生明顯的分化，一部分以沈縵雲、王一亭、葉惠鈞等為代表的進步的國民黨員，贊同二次革命，態度明朗堅決；另一部分人則採取息事寧人的妥協態度，希望宋案迅速了結，事態不要擴大，保持北京政府的中心地位，對重啟革命行動並不表示同情和支持。其後上海總商會更逐漸轉向，一方面重彈「在商言商」的老調，通電要求袁政府出來「保衛商民，維持秩序」，一方面函告孫中山等人，以國家為前提，結束所謂「謀為不軌」的革命行動，自此拉開了上海工商界與革命黨人之間的政治距離，使革命黨人失去上海工商界的支持，造成經濟上政治上孤立無援的嚴重後果。民心向背，抵制二次革命，這不能不說是上海總商會在政治上的一次重大失誤。

第六章以後至第十一章可視為本書的下編，以一九一二年二月成立的上海總商會為重心，敘述它的組成及各項經濟、政治活動。第六章題為「民國初期上海總商會的組成及其經濟活動」，共分五節，也是本書的精要重點所在。第一節「上海總商會建立經過及其組織構成」，敘明前一商會組織——上海商務總會的種種弊端及改組為上海總商會的幾個特色：(1)降低了會費標準，放寬了入會的限制；(2)放寬了入會代表數額的限制。由於會員的增加，議董的數額由原來的二十一名增加為三十一名。更重要的是，上海總商會對袁世凱出現從希望到失望，從向心到離心的變化。第二節則以商會內部的興革事務為經，探討上海紳商在參加上海起義，為革命作出過一定貢獻後，又功成身退，重操舊業，如何推動商務的發展、實業的振興、商學的研究、商情的調查，以及熱烈參與討論國家振興、發展商務、實業大計的重要會議，組織全國商會聯合會，使上海成為中國「第一商會」的地位。

第三節的重點擺在上海總商會如何為商民請命，要求減輕稅捐重負的工作。第四節談對北洋政府因帝制復辟演成擠兌風潮，下令中、交兩行停兌令的態度。經過這次停兌事件，上海總商會總算看清了袁世凱禍國殃民的真面目，其後終於也加入「勸退」帝制的行列。第五節作者總結說，紳商一代人受傳統價值觀念的束縛，使得當時的上海總商會在組織上難以打破以商業行幫為主體的框架，在活動上難以超越單純維持商品購銷的範圍，在行為方式上則表現求穩怕亂，缺乏開拓創新精神。儘管當時上海已經有一批經過專業深造、富有經驗才幹的實業家、金融家脫穎而出，可是他們在以紳商領導體制下的上海總商會領導層內卻並不佔有一定席位。即使少數人有幸入選商會會董，但在「眾醉獨醒」的情況下，他們的一些旨在從根本上改革社會經濟的意見，往往得不到重視。因此，當時的上海總商會始終在經濟近代化道路上步履艱難，而只能在維持原有經濟秩序的基礎上蹣跚前進。

第七章針對五四運動前後的上海總商會，第一節敘述「佳電」風波對上海總商會聲譽的衝擊。當五四愛國熱潮澎湃之際，上海總商會卻於五月九日發出致北京政府別有用心的「佳電」，公然承認日本強佔青島的侵略事實，提出與日本直接交涉歸還青島的荒謬主張。這與當時各界愛國人士要求出席巴黎和會專使力爭在「和約」中明文規定直接由中國收回青島、恢復山東主權的正義主張大相逕庭，無疑正投合日本侵略者的心意。「佳電」被上海各界愛國人士指責為上海總商會中「媚日派」的賣國行為，以致上海總商會的形象大損，聲譽低落！

有了「佳電」事件，所以有一九二〇年上海總商會的改組，這是第二節所要探討的主題。改選的結果，會董平均年齡較輕（由五七．二歲降為四十四歲），而且多是受過專業教育，具有資本主義經營管理知識和經驗的新一代民族資本家。作者據此強調，一九二〇年上海總商會的改組，是上海商會建立以後的發展歷程中的一個重要的歷史轉折點，它意味著這個上海工商界的重要社會活動舞臺上紳商時代的結束和企業家時代的開始❽。

第八章專談「商會內部若干革新措施及其社會效應」，上海總商會為適應經濟近代化的要求，採取一系列的新措施，包括：⑴集中一批企業家力量，組成八個專門委員會；⑵開辦商業圖書館和商業補習學校；⑶設立商品陳列所，舉辦商品展覽會；⑷積極組織國貨品出國參賽；⑸創辦《總商會月報》，作為指導工商界的輿論喉舌。其中尤以《總商會月報》的發行，指導並推動商學兩界的合作，促進商學兩界「水乳交融」，功不可沒。

第九章題為「從參預政治到國民自決」，作者指出，五四運動後，上海總商會在潮流的影響下，不但直接參預國家重大的政治事件，而且在「國民自決」的思想支配下試圖染指政權。再分

❽ 原書，頁二五一。

二節，第一節以「行使政治民主權利的若干活動」為主題，報導了上海總商會曾在一九二二—一九二三年間提出廢督裁兵、整理財政與制憲三項政治主張，雖態度強硬，但在北洋政府統治下無異「與虎謀皮」，最後唯有訴諸國民自決一途了。第二節談因此而產生的國是會議與民治委員會，前者雖然制訂了一個憲法草案，後者卻大開倒車，反而違背「民治」的政治民主原則，兩者都不得不走上失敗的命運。

第十章係以「五卅運動前後的上海總商會」為題，亦分二節，第一節論及「上海總商會在五卅運動中的種種表現」，作者把五卅運動分為三個階段，具體考察上海總商會在過程中所扮演的角色和發揮的作用。有主動積極的一面，如募集捐款、濟助罷工工人等，也有態度並不明朗，行動亦比較消極的一面，如表現在對英、日經濟絕交上。總之，上海總商會在五卅運動中基本上是與國人站在同一陣線，而與帝國主義進行一定抗爭的。但因為它代表民族資產階級上層的利益，所以在抗爭時總是力圖以自己的意志來控制和駕馭已經爆發的反帝愛國運動，避免發生在他們看來會釀成更大風潮或使矛盾更加激化的所謂過火、過激的行為，使運動循著他們鋪設的資產階級軌道上發展。第二節分析上海總商會在政治上轉向反共的社會和階級根源。主要因為，這些新興的企業家擔心共產主義理論在中國的傳播，喚起工人階級覺醒，害怕工人運動影響到企業的正常生產秩序，更懼怕共產主義這個盤旋於歐洲上空的「怪影」來到中國以後，對他們嚮往建立的資本主義制度形成根本上的威脅。

第十一章所要探討的是國民政府時期國民黨與上海總商會之間控制與反控制的關係。內分四節，第一節談上海總商會內部矛盾的公開化。其中包括：⑴上海總商會的主要領導權力由寧波幫落到了廣東幫（馮少山）手裏，使幫派矛盾更形公開化；⑵江浙籍資本家另組織上海商業聯合會，予蔣中正以經濟支持，在政治上支持北伐。第二節分析上海各業攤認餉糈、庫券的不同心態。上海商界在虞洽卿等親國民黨的資本家號召下，通過兩次二五庫券的發行，雖然認捐了七千萬元的巨款以支持國民革命軍，但面對這種名為攤派實為勒索的額外負擔，上海各業如洋布業、洋貨商業等頗有不勝其煩之感，有的叫苦不迭，有的大嘆苦經，有的要求減免認購數額，有的推三阻四或敷衍了事，有的乾脆一口拒絕，並不像上層頭面人物那麼積極，那麼熱心。作者在第三節點明，上海資本家所以不惜花費巨大經濟代價與代表國民政府政權的蔣中正進行政治交易，主要在「外爭關稅自主，內求消弭工潮」。第四節總結指出，富有政治民主意識和民治精神的上海總商會，在反國民黨政治控制的過程中，曾引發一場商會存廢的大辯論，終於導致商會名存實亡，為政府所整理接收，並將之改組成為上海市商會，上海總商會的一頁歷史至一九二九年乃告結束。

(三)本書的優點

本書從完稿到出版，可以說是作者多年縈懷願望的實現。其所受中外史學界的共同期待關注，也是可以想見的。何以故？因為它未待《上海總商會史料叢編》的出版，而先行問世，這是比較特別的。不管作者是否有充分參考引用《上海總商會史料叢編》中的第一手材料，通觀全書，大致有以下幾項優點可以一述：

1 它無疑是一部功力深厚的開山之作

商會活動史和有關資產階級的研究，在大陸雖屬「興旺勢頭」的熱門顯學，但迄今為止尚無人對上海總商會史作過比較有系統而全面性的研究，而徐著的出版，至少掌握了時效的先機，名正言順的成為開山之作。因此，誠如丁序所言，它「對上海總商會的研究已經打下了堅實的基礎，是今後這一課題的研究者不可或缺的參考書」❾。

2 它在資料上有若干突破

一本史學專著之是否有價值，首先決定在它是否挖掘到前人所未曾用過的材料。作者徐鼎新任上海社會科學院經濟研究所副研究員，遠在一九八二年參與編寫《舊中國民族資產階級》一書時，即著手從事搜集上海和其他各地重要商會的檔案資料，所以他對資料的掌握和運用，應該是駕輕就熟的。

❾ 丁日初序，頁二。

本書除了取材自重要報紙（如《申報》、《民立報》、《國風報》、《警鐘日報》、《神州日報》、《中外日報》、《時報》、《上海民國日報》、《時事新報》、《新聞報》、《大公報》、《華商聯合報》、《南洋商務報》、《熱血日報》）、期刊（如《東方雜誌》、《上海總商會月報》、《商業月報》）外，最重要而難得的突破在於：

⑴它利用了上海總商會議案錄、收支報告冊，以及天津、蘇州兩地的商會檔案。

⑵它也參考了上海市商會檔、上海商業聯合會檔案、上海錢業公會檔案、上海繅絲工業同業公會檔案以及農工商部商務司檔案。

運用各地商會與各業公會檔案，來比較和印證上海總商會的角色和地位，正可突顯「橫看成嶺側成峰」的特性，在這方面，作者已經做了嘗試，可惜所引用的資料在比例上尚不夠豐富，這是美中不足之處。

3 附錄〈上海總商會大事記〉具參考價值

書後附有五十三頁的〈上海總商會大事記〉，起自一九〇二年，止於一九二九年，分年按月按日逐條記載，對於瞭解各階段商會的演變歷程，自然具有綱舉目張、查考方便的價值。

按〈上海總商會大事記〉早在一九八八年即由作者分別發表於《上海研究論叢》第一、二期，當時所用的標題是「上海總商會史事紀要」。經兩相比對，發現略有增刪，而最大的不同在於，若干在《論叢》中沒有確定日期的記事，在《商會史》中已明白標出，顯見較前進步精確。

(四)史實的商權

歷史是錯綜複雜的，徐著所處理的是從清末到民初，歷經清朝政府、北洋政府、國民政府三個時期的商會各項活動史實，涵蓋面既廣，觀照自屬不易，偶有出入，亦情有可原。茲分述如下：

1所謂「近代商會」的成立時間

對於近代商會究竟成立於何時這個問題，大陸史學界最近頗有爭論。徐鼎新認為，「上海最早的商會組織，是一九〇二年成立的上海商業會議公所」，因為「無論從上海商業會議公所的組織構成來考察，或是從它所擬章程規定的宗旨、任務來分析，都足以反映出它是一個粗具近代格局的商會組織」❿，也是「中國第一個符合國際規範的商會組織」。但有的學者卻持不同的看法，以為商業會議公所是個名實不盡相符的商人組織，只能「看作從商務局向商會的過渡」，「不是正規的資方階級社會團體」。因此，「從嚴格意義上說，近代新式商辦的中國商會始於一九〇四」(即

❿ 徐鼎新，〈從紳商時代走向企業家時代——近代化進程中的上海總商會〉，《近代史研究》，一九九一年第四期，頁五一。

上海商務總會），主要在於「它規定了一整套民主選舉制度，制定了完備細密的規章以及具有近代民主特徵的議事制度，同時還對會員的義務和權利也明確作了規定，體現了商會的「新」之所在」⑪。

2 有關上海商學會的設立

作者以為，上海商務總會自一九〇四年五月組成以後，因為忙於交際酬酢事務，對商學「未暇專事研求」，振興實業徒託空言，因而使上海工商界人士感到失望。為補救計，上海著名紳商徐潤、祝大椿等三十人於九月另行設立一個上海商學會，組織力量調查研究國內外商情，研求「物產盈虛之故，供求相濟之理」，以期與上海商務總會互為表裡⑫。事實上，上海商學會設立的時間是在一九〇四年三月二十四日，也就是說，早在上海商務總會組成之前，上海商學會即已成立，九月二十日不過是商部批准立案的日子⑬。

3 召開商法大會事

⑪ 朱英，《辛亥革命時期新式商人社會研究》，中國人民大學出版社，一九九一年，頁六三。

⑫ 原書，頁六三；大事記，頁四〇四。

⑬ 參見湯志鈞主編，《近代上海大事記》，上海辭書出版社，一九八九年，頁五八一。

徐鼎新以為，一九〇七年的全國性商法大會，是由上海商務總會發起召開的，並據此推論，這無異是對該會所具有的社會聲望、社會影響的一次大檢閱，進一步確定了上海商務總會實際執全國工商界牛耳的領導地位（頁九七）。

惟據周金箴申訴召開商法大會的緣由，指出商法為商學的一部分（下同），故由預備立憲公會、商務總會、商學公會發起，並且以預備立憲公會為核心，故論功行賞，上帝的歸上帝，不應抹殺立憲公會的角色，更不宜膨脹上海商務總會的地位⑭。

4 合幫會員與分幫會員問題

作者在說明上海商務總會的組織結構時提到會員的組成，分為行業幫口代表和企業代表兩大部分，前者又稱合幫會員，後者又稱分幫會員或不合幫會員（頁六〇）。

其實，在上海商務總會時期，會員並無合幫會員、分幫會員之分，當時的會員只有會員、特別會員之別。至民國以後才有以合、分幫會員來區別會員的情形。而作者在說明上海商務總會時，一開始即用合幫會員、分幫會員，易引起讀者的誤解，以為上海商務總會自成立起，會員即分為合幫會員和分幫會員兩種。

⑭ 同⑬，頁六四二。

5 所謂「資本主義色彩變化」的解釋

徐鼎新依據東亞同文會所編〈支那經濟全書〉第四輯的資料統計，認為一九〇四年的上海商務總會組織結構中的行幫代表的比重顯著減少（百分之一〇．五），而企業代表所占的比例則顯著成長（百分之八九．五），並據此引申，當時的上海商務總會「顯然」已發生了更具資本主義色彩的變化」。（頁六〇）

現根據上海商務總會同仁錄分析，得出下列二表：

(1) 一九〇八年至一九一一年上海商務總會會員比例表（不包括領袖會友、個人會友）：

時間	會員數	特別會員數	會員所占比例
一九〇八	四〇	二四	六二．五％
一九〇九	四〇	二三	六四．五％
一九一〇	三六	三〇	五五．五％
一九一一	三〇	一八	六二．五％

(2) 一九〇八年至一九一一年上海商務總會會員比例表（包括會員、會友之情形）：

時間	行幫會館、業幫公所（會員／領袖會友）	個別企業（特別會員／個人會友）	行幫等會員所占比例
一九〇八	七三（四〇／三三）	四一（二四／一七）	六四%
一九〇九	七一（四〇／三一）	五六（二二／三四）	五五・九%
一九一〇	七三（三六／三七）	七八（三〇／四八）	四八・三%
一九一一	六一（三〇／三一）	六〇（一八／四二）	五〇・四%

細查同仁錄，會員全是行幫代表，而特別會員全部是個別行業代表。按《支那經濟全書》有關上海商務總會會員資料，可能只列出會員的職業，而非其所代表的單位。就以上兩表可以看出，行幫代表仍占半數以上，與徐著所統計的百分之一〇・五有甚大出入。足見，他因之所得出「上海商務總會更具資本主義色彩變化」的結論，似有待商榷。

6 一九二〇是否構成重大歷史轉折點問題

作者在第七章中，把一九二〇年上海總商會的改選，看作「是一次劃時代的歷史性改組，也是當時上海新舊兩代民族資本家地位升降、權力轉移的信號」（頁二四七），更意味著「上海工商界的重要社會活動舞臺上紳商時代的結束和企業家時代的開始」，因而認定它是「上海商會建立以後的發展歷程中的一個重要的歷史轉折點」（頁二五一）。

固然在民國八、九年間，上海總商會面臨重大的衝擊，因之也有若干的革新措施，但不能單從一次選舉的結果來說明一切。事實上，商會之所以大幅改組尚牽涉到法規問題，不能不一併考慮。按民國四年頒行的「商會法」，商會的會長、副會長、會董連選得連任一次，任期二年。民國五年上海總商會依法第一次改選，民國七年第二次改選，至民國九年（一九二〇）的選舉，大部分的會董依法已沒有參選資格，這應該才是新董事會會董平均年齡降低，原有三十三名會董中有三十一人「落選」（無法連任？）的真正原因！

7有關商品陳列所問題

徐著在第八章「若干革新措施及其社會效應」中，亦將商品陳列所當成主要革新措施之一。事實上，商品陳列所是上海總商會自始即欲成立的機構，早在民國五年的會董分股任事時即設有陳列股。至商品陳列所的設立，田世澤（時霖）在〈上海總商會建設商品陳列所緣起〉一文中，有詳細的說明，內云：

> 商品陳列所之設，其可緩乎？本會前會長朱葆三、副會長沈聯芳，與前坐辦嚴漁之諸先生，

> 夙抱此志，因於民國七年夏，特開大會，專案提議，一致贊同，爰集資在天后宮之後，議事廳之東，建築所屋三層，九年夏成立，費銀十萬兩。

可見，商品陳列所的興建是在民國七年即已著手興辦，雖至民國九年始完工啟用，但不能全視為一九二〇年革新後的作為。

此外，徐鼎新以為，上海總商會商品陳列所共舉辦三次展覽會（頁二六八）。但據《上海總商會月報》的資料，上海總商會商品陳列所除於一九二一、一九二二、一九二三年主辦過三次展覽會外，尚於一九二六年舉辦了第四屆展覽會⓯。

8 商會角色與頭面商人活動

徐鼎新在第四章第一節「挽回利權聲中的商務自救活動」中，指出上海商務總會商務自救的第三項是「組織國貨廠商參加內外賽會」（頁一〇〇）。

惟作者在書中又說：

> 晚清參加國際商品賽會的活動，基本上是在官方直接控制下委託海關稅務司一手包辦的。

⓯ 參見《上海總商會月報》，第六卷第十二號。

（頁一〇六）

其實，在推動新政的大前提下，清政府對參加國際商品展覽相當積極。故組織國貨廠商參加國際賽會，不是上海商務總會所提倡的，亦非上海商務總會的自救活動之一。

> 在官商合力籌辦南洋勸業會的過程中，上海商務總會的上層人物則是比較積極的。（頁一〇二）

在一個組織中，個人的作為並不能當作組織的作為。上海商務總會的上層人物積極參加南洋勸業會，並不能當成上海商務總會的作為。即使一九〇八年七月，兩江總督端方為南洋勸業會的興辦，曾派員至上海遊說，受到上海商務總會的歡迎，進而認股十五萬元，也只能當作上海商務總會因應官方的需要而認股。雖然後來南洋勸業會的十三名董事，有八名是上海商務總會的成員，但不能就將南洋勸業會的作為當成是商總會的作為。就如上海城廂內外總工程局的主要成員也是商總會的成員（一九〇五年該局的領袖總董李平書，辦事總董莫錫倫、郁懷智、曾鑄、朱葆三全是商總會的成員），但不能因此便將上海城廂內外總工程局和上海商務總會劃上等號。

㈤有待改進補強之處

除了若干史實的解釋值得商榷之外，徐著仍有不少可以改進補強之處，在此無法一一列舉，茲將其犖犖大端者歸納或稍加說明如下：

⑴泛政治化的解釋隨處可見；民族主義的立場稍嫌強烈。如第三章之一再引用《山鐘集》，將曾少卿在反美愛國運動中的強勢作為，塑造成「反帝英雄」。

⑵商人與商會的角色並未完全釐清。對商人之重視商業活動、要改革不要革命、反對暴力激進、重利輕義、投機性兼妥協性等特殊性格，亦未能在行文中隨時溶入，多加發揮。

⑶對資料的運用和參考，除前述在比例上尚不夠豐富外，尚有幾點建議：

㈠上海總商會史料中有關人事、組織和經費使用的資料引用較少，是一缺憾！

㈡對「佳電」風波的論述，多引用具革命立場的《民國日報》資料，以臧否朱葆三，朱等不旋踵間成為「害群之馬」，以及「漢奸國賊」和「媚日派」，是否有欠客觀。

㈢甚少引用大陸以外的相關研究成果。如第三章之談一九〇五年的反美愛國運動，中央研究院近代史研究所的張存武早在二、三十年前便根據中外檔案，做了客觀而平實的研究，書名叫《光緒三十一年中美工約風潮》[16]，可惜作者並未參考。

⑷做為一部嚴謹的學術性著作，本書尚有若干技術上的缺陷。

（甲）書後缺乏徵引書目及索引，查考甚為不便。

（乙）部分注釋過於簡略。尤其書中兩處引用臺灣出版品的地方，一是《張公權先生年譜初稿》，只寫「臺北版，第二七頁」（見原書頁二一二），而未注明作者與出版社名字；一是鄭亦芳的《上海錢莊——（一八四三－一九三七）——中國傳統金融業的蛻變》，只有「臺北一九八一年版」字樣（見原書頁九一），而未列出版機構名字，顯有心態上的疏忽，事情雖小，但無法不讓人有不夠謹嚴之感。

又原書頁二九四云：「據統計，一九一四年間全國軍隊（陸軍）不過四五．七萬人，一九一八年增加到八五萬人，到一九一九年初則增至一三八萬人，五年內增加兩倍以上，淨增九三萬人。進入二〇年代後又進一步膨脹，這就造成了軍費支出大幅度增長，一九二五年度的軍費支出估計高達六億元，為一九一六年度軍費支出總額的一．五億元的四倍。」這一段該有注而無注，令人不無遺憾。

（丙）在章節的安排上稍欠平衡。有的章下有二節，有的多至五節，有的甚至有章無節（如第八章），感覺上不太平衡。各章的字數也頗有出入，少則僅二十三頁，如第七章，多則超過五十

⓰ 張存武，《光緒三十一年中美工約風潮》，中央研究院近代史研究所專刊⒀，民國五十五年六月初版，頁二六九。

頁，如第五、六、十一章，相差達一倍以上，雖不一定要強求其平均，但在頁數較多的章節中，不妨將部分冗長的直接引文，改採間接轉述的表達方式，稍做「減肥」。

(六)結語

綜合前述，《上海總商會史》一書，雖有若干史實上值得商榷及一些資料上、技術上有待改進補強之處，但基本上瑕不掩瑜，是作者嘔心瀝血的有價值之作。它行文流暢有力；它不是個別資料的無意識堆積，而是經過消化咀嚼後的精心佳作。在商會史的研究上，它居於開先河的地位；在上海史的研究方面，它又有踵事增華，豐富其內涵的重要貢獻！

(原載《中國現代史書評選輯(三)》，民國八十三年六月)

九　「海派文化」何時再領時代風騷？

——評張仲禮主編《近代上海城市研究》

書　名：近代上海城市研究
主　編：張仲禮
作　者：熊月之、潘君祥、宋一雷等
出版者：上海人民出版社
出版時間：一九九〇年十二月第一版，一九九一年四月第二次印刷
字　數：八十五萬字
頁　數：一一六〇頁

(一)前言

經過半個世紀的沈寂，上海最近又再度躍上世界的舞臺，大有取代廣東、廈門，成為中共經濟現代化指標的都市❶。一九九二年十月份的《時代週刊》(*Time*)便以「上海——再領風騷」(Shanghai in the Vanguard Again) 為標題❷，報導這個曾經是中國「近代化的早產兒」❸的前景，大有旭日東昇之勢。

以上海社會科學院為中心的一批學者，認為今天的上海生機勃勃，氣象萬千，而明天的上海則將如璀璨的明珠升起在太平洋西岸。上海在九〇年代的地位可以概括為六個字——「重點」、「龍頭」、「中心」，即上海做為中國九〇年代改革開放的重點，長江流域經濟騰飛的龍頭，二十一世紀頭十年將初步建成亞太地區經濟、金融、貿易中心之一❹。《近代上海城市研究》也可以說，正是這種信心滿滿、樂觀態度下的產物。

早在一九八六年，大陸全國哲學社會科學規劃會中國近代史學科組在討論「七五」規劃時，

---

❶ 張桓忠，〈上海總商會研究（一九〇二—一九二九）〉，國立臺灣師範大學歷史研究所碩士論文（民國八十三年六月），頁一。

❷ James Walsh, "Shanghai in The Vanguard Again", *Time*, No. 40 (October 5, 1992), pp. 18–23.

❸ 引自于醒民、唐繼無近著，《上海：近代化的早產兒》（臺北，久大文化公司，一九九一年三月出版）。

❹ 張仲禮，〈上海文化的昨天、今天和明天〉（一九九三年九月二十一日在中央研究院近代史研究所學術討論會演講）。

便提出加強中國城市的研究，並決定先從上海、天津、武漢、重慶四個具有代表性的城市著手。換言之，《近代上海城市研究》（一八四〇－一九四九），是大陸全國哲學社會科學「七五」規劃重點項目，是近代中國城市研究系列課題之一。這個課題由上海社會科學院承擔，在張仲禮院長的主持下，動員了十七位作者，經過三年多的努力，終於一九九〇年年底出版。

全書共一一六〇頁，約八十五萬字，稱得上皇皇巨著，全面而有系統地分析上海城市形成、興起的原因，重點研究近代上海的特徵，闡明上海作為中國最大中心城市的地位和作用，並透過總結近代上海城市發展、建設和管理的歷史經驗，希望能為中國現代化城市建設和體制改革提供歷史借鏡。

(二)內容介紹

《近代上海城市研究》除湯志鈞序、張仲禮的前言外，全書共分總論、經濟篇、政治社會篇、文化篇四大部分，凡二十章。總論由熊月之、潘君祥、宋一雷三人分別撰寫，共討論(1)研究對象；(2)上海自然地理與古代歷史沿革；(3)近代上海城市發展的階段與關節點；(4)城市發展規律初探；(5)近代上海城市特點；(6)若干理論問題等六大主題，試圖從宏觀的角度，就理論的層面，為上海城市的歷史發展和經驗，歸納出一些特徵出來。

例如，關於開埠以前的上海城市，值得指出的有以下幾點：

(1)上海城市的歷史並不悠久，它遠不能比西安、開封、洛陽，近不能比蘇州、杭州。

(2)開埠以前，上海在中國的地位並不顯赫，它不是特別耀眼的巨星。

(3)上海地理位置的優越性，只有在近代海運發達的條件下才能充分顯示出來。

談到上海城市的發展，大體分為三個階段：(1)一八四三年至一九一一年；(2)一九一二年到一九二七年；(3)一九二七年到一九四九年。前後總共大約一百年，綜合一百年的近代上海城市發展史，又可以找出以下的重要關節點：

(1)租界設立——一八四五年租界的闢設，對上海城市的結構、功能，對上海的政治、經濟、文化，影響都十分廣泛，十分深遠。

(2)華洋雜居——華洋雜居促進了租界的繁榮和中西文化的交流。

(3)會審公廨的設置——英、美、法會審公廨的設立，是領事裁判權的擴大，是對中國司法主權的侵奪。它對上海城市的發展產生了重要而複雜的影響。

(4)馬關條約的有關條款，允許日本和其他各國取得了在中國通商口岸投資設廠的特權，於是上海成為列強在中國進行資本輸出的理想之地，一方面它擴大了列強對上海的掠奪範圍，一方面它增強了上海的經濟實力，提高上海的國際地位。

(5)東南互保——庚子拳亂期間，張之洞等所實行的東南互保舉動，阻止了北方戰火向南方蔓延，使上海免去一場兵災。它對上海的穩定，增強上海的對內和對外的吸引力，都有一定的影響。

(6)地方自治——上海地方自治運動，縮小華界與租界的差距，對提高整個上海城市的近代化水平，都有積極的作用。

(7)辛亥起義——它結束清政府在上海統治的歷史，也提高了上海在中國政治上的地位。

(8)拆除城牆——一九一四年冬城牆的拆除，使城內城外連成一體，改變了先前互相分隔的狀況，為上海進一步發展提供了方便。

(9)一次大戰的縫隙——利用帝國主義忙於互相鬥爭，無暇東顧之際，上海民族工業得到了一次迅速發展的機會。

(10)特別市的設置——一九二七年上海特別市的設置，「大上海計劃」的推行，體現了政府對上海的重視。

(11)「一二八」與「八一三」事變的發生——日軍的兩次軍事侵略行動，造成上海大批工廠內遷，學校內遷，文化人離去，上海城市元氣大傷。

(12)日軍佔領租界和租界收回。

(13)日本投降。

(14)上海解放。

就近代上海城市的特點，總論舉出以下九點：

⑴典型的近代崛起的城市；

⑵受西方影響最大的城市；

⑶中國近代化起步最早、程度最高的城市；

⑷中國最大的港口城市；

⑸中國最大的多功能經濟中心城市；

⑹全國文化中心；

⑺移民城市；

⑻富有反帝封建鬥爭傳統；

⑼畸形發展的城市。這主要表現在以下三方面：

㈠在市政建設上，局部（華界、公共租界、法租界）有序，全國無序。

㈡社會控制系統不健全，即三家（界）各司其政，各行其事，由於法律觀念、價值觀念互有差異，致使社會控制機制不健全，矛盾叢生，漏洞百出。

㈢「孤島效應」常使上海獲得意外發展。上海在近代中國亂局中，常處於一種「人亂我靜」的特殊態勢。因此獲得超常的發展，也是一種畸形發展，而蒙上一層神秘的色彩。

上述特點，充分顯示上海人以「中國之最」的強烈情懷。

經濟篇是本書配合「四化」政策所欲凸顯的重點，共分七章，篇幅多達五五四頁，幾占全書之一半。茲將各章篇名分別開列如下：

第一章　上海城市經濟的近代化
第二章　內外貿易推動上海城市發展
第三章　交通拓展與近代上海的崛起
第四章　近代上海金融中心的形成和發展
第五章　近代上海工業結構的不平衡性與演化軌跡
第六章　房地產業和近代城市建設
第七章　上海工商團體的近代化

經濟篇多半由上海社科院經濟所的研究同仁執筆，參與撰稿的專家學者有潘君祥、徐雪筠、陳正書、陳曾年、黃澤民、汝仁、沈祖煒、徐鼎新等人。社科院自五〇年代起，即從事有關上海的各項專題研究，也積累了相當豐富的資料，出版了一批批的成果，因此有紮實的史料為基礎，並用微觀的研究方法，對城市進步、企業發展、近代化等不同面相，做了有史有論的總結式論述。

由於篇幅過多，想對各章的內容做一重點式的介紹，事實上並不可能。在此，只能選擇一些比較有興趣並且切合時代的課題，稍作說明。

改革、開放是中共現階段高唱入雲，大家常掛在嘴邊的政策和口號，因此上海的開埠也就有它值得大書特書的時代意義。該篇首先肯定，對外開放，是歷史發展的一種要素，開埠是上海城市經濟近代化的起始點（頁四四）。開埠之所以成為上海經濟近代化的起始點，有以下四個理由：

(1)它活絡了上海與國際間的經濟聯繫，不僅可以獲得經濟發展所必要的資金和原料，而且能獲得較為先進的技術，從而推動國家經濟的近代化。

(2)外國資本主義列強隨即在上海攫取的租界，為上海人口、資本的集中提供了安全的保障，從而加速了這種集中。

(3)隨著開埠，租界內的市政建設和公用事業迅速發展，上海的對外交通亦更加便捷，創造了一個更為良好的投資環境。

(4)由於外國資本的不斷投入，大量先進的資本主義生產技術引進到上海，為上海城市的經濟起飛創造了更有利的條件。

近代上海，固是「因商而興，以商立市」，但論通商口岸的興起，雖主要與其在水運交通上的優越地位有關，惟論其強大都市化作用，並不純由於商業的經濟能力，新式工業的成長亦應具有相當作用，特別是甲午戰爭以後，外人普遍在通商口岸設廠，增強其都市化能力，故近代我國通商口岸都市是兼具有工商業雙重特徵的❺。故該篇明白指出，上海工業的發展始終處於突出的

❺ 李國祁，〈由上海、漢口與青島三都市的形成論近代我國通商口岸的都市化作用〉，《國立臺灣師範大學

重要地位，但卻具有比較明顯的二重性特徵：

(1)新興工業起步早、發展快，行業門類較多，但工業的整體結構演進緩慢。

(2)機器製造工業有著不斷增長的趨勢，但由於它在工業總產值中所佔的比例較小，對於整個工業結構的合理發展並沒有產生突破性的推進作用。

(3)工業企業發展的總體水平高於全國，但行業內部發展並不平衡，企業二元結構特徵比較明顯，亦即行業內部，少數生產設備先進的大企業與大量分散落後的中小企業並存。

(4)民族資本工業發展較快，但在工業的資本所有制結構中卻始終處在被外資和官僚資本壓抑的地位。

政治社會篇共分六章，章名分別是：

第一章　近代上海政治制度的演變

第二章　上海市政管理的近代化

第三章　上海：各種政治力量必爭之地

第四章　市民的群體構成與政治趨向

第五章　上海工人階級、資產階級與勞資問題

歷史學報》，第十期（一九八二年六月），頁二九七。

這一篇比較新鮮的是第三章〈上海：各種政治力量必爭之地〉，換言之，對上海這個中國政治大舞臺，對上海在近代中國變局中的地位有較突出、較多的著墨，令人印象深刻。

首先，上海是近代中國各種政治力量必爭之地，中國國民黨（民國八年）和中國共產黨（民國十年）都是先後在上海成立的，都曾經把活動中心放在上海，其他在中國現代史上影響較大的政黨、政派，幾乎無一不與上海發生關聯，而且很多黨派的中央機關就設在上海（如中國青年黨）。對中國國民黨而言，上海是它的發祥地，也是它的財政支柱，更是它的談判所。對中國共產黨而言，上海是它的政治活動中心、文化宣傳中心，更是情報搜集和統戰的基地。

上海之所以成為中國政治大舞臺，之所以在國內政治漩渦中佔有舉足輕重的地位，並且又是各種黨派政團競相以之為活動中心或重要基地，當然有其必備的各種條件。這些條件包括：

(1)靈捷發達的通訊網路；
(2)雄厚的報刊編輯出版力量；
(3)暢通的大眾媒介傳播渠道；
(4)發達便利的市內市外交通設施；
(5)良好的公眾活動場所。

更重要的是，上海長期存在一個中國政權不能直接管轄的租界，而上海地方行政又長期處於三家（華界、公共租界、法租界）三方（中、外方）的分割狀態，彼此難以控制。這種格局，使上海出現許多有利於政治活動的縫隙，成為從事政治活動者「進可活動，退可避禍」的優越而特殊的場所。

文化篇共有七章，分別為：

第一章　在吳越文化圈

第二章　開埠以後，西方文化輸入勢如潮湧

第三章　中西文化的碰撞、認同與排拒

第四章　啟蒙宣傳與教育中心

第五章　全國文化中心形成與發展

第六章　大眾文化五彩繽紛

第七章　「海派」——近代市民文化之濫觴

以接近三百頁七章的篇幅來談上海文化的近代性，是本書的另一特色，但也不排除有因應市場脈動，吸引讀者的連帶考慮。書中首先指出，上海文化的近代性表現在以下幾方面：

(1)輸入西學早而且多；
(2)新式文化事業起步早、數量多、影響大；
(3)在意識型態方面，率先拉開批判傳統的幃幕；
(4)具備世界眼光、開放精神、競爭意識、見賢思齊、不甘落後、吸納百家、自成一派的恢宏氣度等質素。(頁八七五—八七六)

上海近代文化的獨特性，集中表現為海派文化，有稱「海風」。上海文化不等於海派文化，但海派文化無疑是上海文化的重要質素之一。故本篇特置專章論述，對海派定義進行了一番梳理工夫，對海派特徵、性質提出了自己的看法，對海派文化應持的客觀態度，也有所闡發。

「海派」有它的源流和衍變，「海派文化」更具有它綜合性的多面相意義，象徵並體現了：

(1)政與商的消長；
(2)南與北的爭衡；
(3)東與西的交匯；
(4)雅與俗的嬗變。

對「海派」一詞的理解，學術界見仁見智、存在分歧。狹義的海派，一般指京劇、繪畫、文學等方面的上海流派，後來內涵擴展、延伸，成為一種文化類型和文化風格，所涉人事也不復限於上海一地❻。本篇總結認為，「海派」是一種中國型態的近代城市大眾俗文化，它除了接受中國南方傳統城市市民生活樣式外，也大量接受了西方市民社會的一套。故作者最後強調，「海派文化」是一種發育比較成熟的近代市民文化的濫觴。

(三)問題的討論

本書所討論的範圍之廣，所涉及的問題之多，是過去有關上海的論著所不及的。所以想全面深入的做一書評，事實上並不太容易。在此，僅想提出幾個在腦海中一再浮現的問題，稍加討論。

1 宣示性的意義至為明顯

一本論著如果以政策為導向，處處配合當前政策的意味過於濃厚，無疑便會露出「宣示性」的痕跡來。本書在這方面的表現至為明顯，例如從張仲禮的前言，我們看到一連串美麗但顯得空泛的形容詞：「上海，色彩如此斑斕，內涵如此豐富，地位如此重要，代謝如此疾速」；上海，「中國的大門；中國的鑰匙；中國的熔爐；中國通往世界的橋樑」等等華而不實的空洞話。

這類宣示性的用詞，在總論中亦屢見不鮮。例如在「城市發展規律初探」的第三個現象，是「堅持走開放之路」，內云：

❻ 張仲禮，《上海文化的昨天、今天和明天》。

近代上海是一個全方位開放的城市……。開放，給上海帶來信息、人才、勞動力、資金；開放，增強了上海與世界各地的聯繫，增強了上海與中國其他地方的聯繫；開放，使上海成為國內企業、商品、人才競爭的舞臺。（頁一八—一九）

在經濟篇、政治社會篇或文化篇，亦不乏同樣的語調，這在前面內容介紹上可以引證，此處不贅！

張仲禮在〈上海文化的昨天、今天和明天〉一文中，典型的反應了這種強烈的宣示性作用，可以視為本書編採觀點的延伸。張氏除以「重點」、「龍頭」、「中心」六個字形容上海在九〇年代的地位外，並且認為，隨著上海經濟的振興，上海在九〇年代及世紀之交的文化角色也可概括為三句話：

(1)上海將是多功能、多層次、具有地方特色的先進水平的文化事業和文化產業中心。
(2)上海也將是中國文化與世界文化的交流窗口。
(3)上海還將是覆蓋華東，輻射全國和海外的文化傳播重鎮。❼

❼同❻。

因此，昨天的上海，不但是中國近代化程度最高的城市，「今天的上海更是生機勃勃，氣象萬千，而明天的上海，則將如璀璨的明珠升起在太平洋西岸」❽。學術為政治服務，或成為政策的宣示工具，這無疑是最佳的例證。

2 推論過於簡單化

俗話說：「羅馬不是一天造成的。」同理，上海有這樣的繁榮發展（指至一九四九年），也並非一朝一夕之功，至少是開埠後百年經過幾個重要轉折，日積月累的結果，所以，歷史的縱深不能視而不見。書中的若干推論，在行文中便或多或少忽略它，而犯了過於簡單化的弊病。例如頁四八云：

> 隨著開埠，租界內的市政建設和公用事業迅速發展，上海的對外交通亦更加便捷。

事實上，租界內的市政建設和公用事業雖比華界發達進步，但也是一步一腳印，有其發展脈絡可尋的。在此僅舉電車與電燈兩項與人民生活最密切相關的公用事業為例：

租界（公共租界與法租界）第一次有軌電車通車於一九〇八年（南市則為一九一三年）；

---

❽ 同❻。

公共租界第一次公共汽車通車於一九二四年，法租界一九二七年（南市、閘北為一九二八年）；公共租界第一盞電燈發光於一八八二年，法租界為一八九七年（南市為一八九八年）❾。從以上簡單舉證可知，租界內無論市政建設或公用建設，其發展並不如想像中「迅速」。

3 大眾文化與民間社會

本書中的文化篇，呼應潮流地談了不少的大眾文化與市民文化，雖然也引用了社會科學家的說法和解釋，但總覺得定義仍然曖昧模糊，其間的若干關係也沒有完全釐清。

「大眾文化」（Popular Culture）可以說是「精英文化」（Elite Culture）的相對語。從一九六〇年代起，大眾文化史的研究先是在歐洲（例如法國的年鑑學派），其後在美國，蔚然成風。經過二十多年的發展，一時成為史學研究領域中的顯學，不論在理論和實際研究上，都有豐碩的成果，而予人耳目一新之感❿。有關中國通俗文化的研究，近年來也逐漸受到學者的重視，黎安友(Andrew J. Nathan)、詹森(David Johnson)與羅斯基(Evelyn Rawski)三人合編的《中華帝國晚期的大眾文化》(*Popular Culture in Late Imperial China*)一書⓫，是第一本有系統的探討中國通俗文化的

---

❾ 上海通社編：《上海研究資料》（中國出版社，一九七三年六月二十五日影印版），頁一七－一八。

❿ 李孝悌，〈上層文化與民間文化——兼論中國史在這方面的研究〉，《近代中國史研究通訊》，第八期（民國七十八年九月），頁九五。

書⑫。

至於「民間社會」（Civil Society），或另一個流行的名詞——「公民社會」，指的是一種社會的組織，這種社會組織基本上是人民由下而上，自動自發，自由發展出來的各類活動、組合及組織方式，並不是某一兩個人就可以創造出來的，更不是國家所能絕對操縱的。這樣的社會，稱之為「民間社會」。雖然中國沒有出現西方式的「公民社會」，但確有「民間社會」的存在。中國在「國家」之外，還有「社會」的存在，其力量是不容忽視的。民間社會是公民社會的基礎，它是國家朝向現代邁進唯一可靠的資本。如果沒有了民間社會的活力，一切經濟的繁榮與進步的奇蹟，都是不可能發生的⑬。開埠以後的上海和五〇年代以後的臺灣，提供了最明顯的例證。

(四)若干技術性的建議

一本書，特別是一本集體寫作，眾手成書的專著，總會有一些美中不足之處，在此願就管見

⑪ 該書由University of California Press 於一九八五年出版，出版地點為Berkeley與Los Angeles，共四一七頁。

⑫ 參閱宋光宇所撰該書書評，文見《近代中國史研究通訊》，第六期（民國七十七年九月出版），頁一八四—一九二。

⑬ 余英時，〈民間社會與中國傳統〉，《中國時報》，人間副刊（民國八十一年六月十日—十二日）。

所及，提出若干技術性的建議：

1論全書的章節結構安排，似乎在總論之後，繼之以政治社會篇較合常規，但若要強調開埠的重要性，把經濟篇置於前，當亦無不可。

2本書主要分成經濟、政治社會、文化三篇，後兩篇在章節之前都有一綜合性的論述，言簡意賅，有助全篇之瞭解，唯獨經濟篇闕漏，顯見格局不統一。

3本書尚缺許多該有該做，而未有未做，值得補強增加之處：

(1)沒有任何一張有關上海的地圖。談近代上海城市的發展，而看不到任何地圖，總是一件遺憾之事。

(2)未附各類相關索引，查閱極為不便。

(3)不列徵引著作目錄，是大陸學術界的共同作法，對這一點，筆者無法堅持，也並不堅持。

(4)更重要的是，書眉沒有加印篇名、章名（這或許也是大陸出版界一向的習慣），每次檢索，都要翻回書前的目錄，才能尋找所要內容的頁次，十分不習慣。

(五)結語

以上一些技術性（特別指第三項）的建議，都是中（指臺、港）外出版界早已行之有年、嘉惠士林的普遍做法。以開放、改革、近代化為標榜的《近代上海城市研究》一書，若能採納這些既科學化又富學術性的做法，當不僅僅只是一種進步，更將具有領導和示範的作用。

至於上海能否重振昔日雄風？再領風騷是一種現實或夢幻？在大陸全面開放的今日，在市場經濟真正建立之後，上海在一個封閉的社會中，還能否恢復往昔的經濟中心地位？在臺北、香港、東京、漢城、新加坡的經濟高速發展的今日，上海憑什麼使之重建為「國際金融中心」⑭？這不是歷史學家的課題，故不在本文討論之列。

（原載《中國現代史書評選輯㈢》，民國八十三年十二月）

⑭ 張偉國，〈重振上海的現實與夢幻——柏克萊加州大學「上海討論會」紀要〉，《聯合報》（民國八十三年二月十五日），第十版。

十 評于醒民、唐繼無著《上海：近代化的早產兒》

書　名：上海：近代化的早產兒

著　者：于醒民、唐繼無

出版者：臺北久大文化公司

時　間：一九九一年三月

字　數：約二十八萬字

頁　數：三三九頁

(一)前言

鑒於上海浦東的開發，繼深圳、海南島等地之後，正在拉開序幕，上海這一遠東名城再度引起世界廣泛的矚目。這顆昔日的東方明珠能否在跨世紀的前後，重新綻放異彩，回復當年的雄姿？這是很流行時髦的探討焦點❶。在一切以「抓好經濟，搞好企業」為前提的大陸，從「近代化」的角度，就企業發展面做切入點，這也是史學界和出版界當前比較熱門有賣點的題目，本書無疑是這種潮流下的產物。

這是一本以一般社會大眾為對象，知識性兼通俗性的讀物，標題活潑、文筆生動、議論新穎，這是它的特色。但因所談所論主要是一九四九年以前的上海，與歷史自然發生不能割捨的關係，何況它被該出版社列入「新視野、史學類」叢書，所以它雖然夠不上是一本謹嚴的學術著作，但有些規範仍然應受到歷史性專著的檢驗和討論，這是本篇書評撰寫的主旨。

(二)內容評述

全書除作者序外，共分十章。每章都用一個鮮明生動吸引人，幾乎與中西接觸密切相關的題目做為標題，以彰顯各章的內容，證明作者的巧思。茲誌各章標題如下：

❶ 請參閱張仲禮主編的《近代上海城市研究》（上海人民出版社，一九九〇年十二月出版）及陳三井對該書的書評（國史館編印，《中國現代史書評選輯㈢》，民國八十三年十二月）。

第一章　沙船世界
第二章　赤佬來了
第三章　大火輪
第四章　萬國博覽會
第五章　畸形兒
第六章　舉國若狂
第七章　黃浦江畔的「歐風美雨」
第八章　海上狂士與「文藝復興」
第九章　「不夜城」之謎
第十章　中西交匯湧人才

1 第一章　沙船世界

描繪的是傳統的上海，海禁暨開埠以前的上海，那是一個沙船的世界、海盜的世界。長期以海上貿易為重要活動的上海人，據作者指出，明顯地具有海洋型民族的性格特徵，它可以比美古地中海的腓尼基人、雅典人，中世紀初的北歐海盜，再集資本主義曙期的西班牙人、葡萄牙人、荷蘭人、英國人於一身。換言之，上海人具有與眾不同的開拓精神。歸納言之，有以下幾點特徵：

⑴善於從事海上貿易——賺大錢、發大財的利慾驅使上海人遠涉重洋、漂向世界，他們坐沙船到印度、東非的日子比歐洲人要早得多。還有跡象表明，上海人曾到過美洲，比哥倫布還要早好多年。加利福利亞沿岸的錨具，以上海人筆記口傳的紅人國，都提供了這方面的線索。

由於從事海洋貿易，上海人的輿圖地理之學相當發達。從元代起，上海人對北洋航道的沙線、氣候、風信，潮流的研究成果就令人為之叫絕。上海的文士也有不少熟悉海道的。

上海人「門檻精」，在精通生意經方面，並不比猶太人遜色。

⑵敢於爭鬥，勇於進取——民風強悍是上海人自古以來的名聲。不管是當海盜的、防海盜的，反正上海人普遍習武，演練武事已成習慣。傳說沙船上的舵工、水手都會特別的武功，而且親如兄弟、安危與共，以致形成一種相當特殊的關係。上海的船戶會動砲開槍、製造火藥，這在康熙開海禁前已是公開的秘密。開埠前，上海擁有火器、備有私人武裝的現象已司空見慣。

⑶敏於發現新事物，敢於破除成習，取他人之長。與廣州人不同的是，上海人對於西方船堅砲利的叩關，抱持的不是饗以石塊、刀刃、箭鏃，而是十分禮貌，樂於取他人之長，引進吸收新興技術。作者舉出黃道婆之引進織棉新技術，徐光啟之率先信奉天主教等為例，證明上海人有開放性。

除了上海人具有開拓的海洋性格外，作者特別很有創意的提出了由沙船—棉布—錢莊會館等環節連接而成的「上海鏈」，這是上海經濟文化發展的奇妙鏈條。以沙船為標誌的航運業和造船業是「上海鏈」上的首要一環，也是最燦爛的一環。

沙船使上海人走向世界，同時又把一個新的世界帶回上海。沙船上的人員形成一個集團，其主要目的是下海貿易。

與沙船相連的第二個重要環節，是以棉布為代表的農作物及其加工產品——大豆、米、茶、絲、糖等一系列經沙船運載進出的物品。

「上海鏈」的第三個鏈環是錢莊所代表的金融業。最早的錢莊是由富裕、精明的沙船商兼辦的，久之，因其利多，便棄船而專營錢莊了。

「上海鏈」上最後一個的大的鏈環是會館、公所、善堂等政治、文化設施。在這些會館、公所中，以船商組織為最多，它們就像一個個網上的紐結，把各地尤其是沿海的商人聯結成一張巨大的商業貿易之網。善堂居於上海鏈上層建築，它在當時發揮了維繫整個社會穩定的重要作用。

最後，作者進一步指出，「上海鏈」實際上就是把上海從資本主義萌芽時期推向資本主義的驅動鏈。然而，為什麼上海沒有能在十八世紀進入資本主義？最根本原因，當然是中央集權的封建統治，不允許上海脫離王法而實施專制。這就決定了上海只能在中央政府的直接控制下有限地發展，也決定了上海的開放只是有限制的，極不徹底的。因此，作者感性的說：「開埠前的上海，只是在有限的範圍內走向世界，她的一隻腳跨進了世界市場，另一隻腳卻被牢牢地拴住在封建統治的廊柱上。」「歷史給了上海發展的機會，也給她套上了難以擺脫的羈絆。這是上海的幸運，也是上海的悲劇！」

2 第二章　赤佬來了！

這裡的「赤佬」，本來指的是一頭紅髮、白色皮膚的英國海軍官兵，對於上海人來說，可說是血腥恐怖的象徵，因為中英鴉片戰爭的結果，他們仗著「船堅砲利」敲開了中國的門戶，又依靠「南京條約」的五口通商為護符，闖進了上海。就中西接觸而言，「赤佬」不僅指英國，也代表一切的西人，「赤佬」來了，意味西力衝擊的開始。

面對西力的衝擊，在與紅髮白膚的洋人的接觸交往中，上海人率先衝破了禮義之邦的種種陳規陋習，較早地受到西方文明的薰染，在經濟和社會生活中改變著古老的價值觀念和行為規範，在工作中講求效率和實際，在思想中活躍開放，因此創造了開放的經濟環境，幫助上海的工商業迅速發展，成為全國第一工業都會，最大的產業基地，資本主義世界中的東方心臟。

這當中很重要的中西橋樑，便是買辦。上海的買辦使外國「赤佬」從失望者變為得意者，從貿易嘗試者變為商業大王。這個魔術般變化的底蘊，是買辦利用他們原有的地位和關係使「上海鏈」發生了質的變化。在買辦的積極調動下，從商人到商號，從商號到商船，從商船到行會、公所，從傳統的商業往來到傳統的商品流動路線，都不知不覺地在轉向，逐漸演化成一個開放的，然而卻是半殖民地式的經濟體制。所以，洋商－買辦－舊式商人，構成了上海三大經濟人群圈，它使以外貿為中心的上海開埠後的經濟體制運轉更為靈便。

一般提到買辦，與「賣國者」、「賣國主義」幾乎係同義字，有的著作說：「外國資本主義為了侵略的必要」，所以「在中國豢養了它的工具——買辦」。有的甚至這樣以為：「買辦階級是一個徹頭徹尾反動的、寄生的、腐朽的階級」，「與全國人民居於敵對的地位」❷。但本書的作者能跳出這種封建觀念的框框，揚棄對買辦係「假洋鬼子」、「洋奴」等刻板的評價，特別強調無法用單一的色彩畫出買辦——上海買辦的臉譜來。事實上，根本不能用畫臉譜的辦法來研究上海買辦。買辦也有忠心可鑒的愛國者，容閎就是一個突出的例子。

3 第三章　大火輪

上海人過去曾利用沙船，征服海洋，走向世界，創造了奇蹟般的繁榮，但與資本主義國家出現的輪船——大火輪相比，沙船卻落伍了。火輪船快速、性能好，而且有保險制度、講究信貸，因而在上海興起一場真正的工業革命，使上海走向近代化的道路。在上海，由輪船引起的近代工業革命，從機器、資金、人才等方面有力地支持了李鴻章的洋務運動，把他抬上了洋務運動「無

❷丁日初，〈對外經濟交往與近代中國資本主義現代化的關係〉，收入《舊上海的外商與買辦》，《上海文史資料選輯》，第五十六輯（上海人民出版社，一九八七年二月），頁二六。

冕之王」的地位。

但作者仍然藉著火輪取代了沙船，情不自禁地道盡了歷史的感傷：

> 給上海帶來經濟繁榮的輪船，難道不也是資本主義勢力掠奪和殺戮中國人的武器嗎？它不流血地屠宰了多少上海和中國各行各業的手工業者，迫使多少沙船業者和其他相關從業人員丟了飯碗！它在帶來機器和技術的同時又刮走了多少上海和全國各地的脂膏！它在傳入西方文明制度的同時，又幹出了多少燒殺搶掠、巧取豪奪的醜行！（原書頁一二五）

這一段話固然大部分不脫離歷史事實，但西化也好，近代化也罷，總是要付出代價的！總之，民族主義情結過濃，謾罵式的激情，並不能改變什麼！恐怕也很難喚起人們多大情感的回應，何不平實些，就事論事！

4 第四章　萬國博覽會

這裡所謂的「萬國博覽會」無寧是取其象徵意義，與前面三章的沙船、赤佬、火輪的具體指涉完全不同，它指的不僅僅是從外部景觀上（如光怪陸離、五花八門的建築）給人以煥然一新的感覺，且從政治、經濟、軍事、文化、生活等各個面相給上海帶來全新的視野和觀念。

這一章對李鴻章一生的功過是非，特別是在上海的所作所為，有較多的抒感，指出這位洋務派第一把交椅內心的深刻矛盾和思想的複雜性。他既與洋人「深相友愛」，內心裡又深深地「畏夷」；他既事事依賴洋人，又認為「長久之患在西人」；他既要請外國人當軍事教練，又「只予教練虛名」，不給實權；他既要學習西方的先進技術和管理，又一再強調：「師其法，而不必盡用其人」，「但借用洋器洋法，而不准洋人代辦」，「權自我操」，「由我主政」。可以說，他身上所交織著的崇洋和畏夷的矛盾，同樣折射出中國近代社會在開放和走向世界的過程中所遇到的封建統治勢力之封閉守成觀念的抵抗，同樣折射出近代中國知識分子既自卑又孤傲的扭曲心理，既想弄潮又怕沾濕了腳的複雜心態。因此作者感慨而蓋棺論定式的說：「這就決定了洋務運動注定要失敗，變法圖強注定不能成功，近代中國的任何改革注定會夭折。」這種把改革的一切成敗責任，歸之於李鴻章一人身上，最後又推給封建統治勢力，正如談資本主義在中國的萌芽，可有許多見仁見智的討論一樣，在此無法也不必深談。但至少這是作者從歷史回歸現實，借古論今，為兩岸的改革開放（特別是大陸），做出有感而發，而非無的放矢的震聾啟聵，發人深省的弦外之音了。

5 第五章　畸形兒

這裡指的畸形兒，是與火輪船競爭相對，上海輪船商自辦的招商局。招商局打的是「官督商辦」的招牌，但實際負責營運的是唐廷樞（景星）、徐潤、盛宣懷等人。

唐廷樞是同光年間中國新興的企業家，他以通事買辦出身，受李鴻章之付託，經營輪船招商局及開平礦務局，為官督商辦時代中國第一等實業人才。他與徐潤兩位創辦人都擁有敢作敢為的氣質，且獲得政府的扶持，最後造成招商局財務面臨困境，主要與個人理財不當有關，加上中法兩國在中南半島上劍拔弩張的不幸形勢❸。

輪船招商局的成立，具有劃時代意義。作者認為標誌著在洋商企業中當買辦的中國早期資產階級開始走上了民族資產階級的發展道路。畸形兒在另一個保護人（李鴻章慧眼獨具、果斷行事）扶植下站立起來了。它帶動了其他民族工商業的發展，支持了各地電報局和上海機器織布局的開辦，甚至中國第一所新式國立高等學校——南洋公學的開辦，也要仰賴輪船招商局出錢資助。

總之，由於招商局的成立，上海輪船商對推進中國早期的近代化實功不可沒。然而，這個畸形兒雖一度享有各種優勢，但最後仍然無法與外商企業競爭，並且成為清代官僚氣息的犧牲品。

6 第六章　舉國若狂

這一章特別有意思，它指出開埠後的上海，就如困獸出籠，烈馬脫韁，一切都衝破了幾千年之常規，掀起發展資本主義的狂潮。其中包括——

---

❸ 參閱劉廣京，《經世思想與新興企業》（聯經出版公司，民國七十九年五月初版）中〈唐廷樞之買辦時代〉與〈中英輪船航運競爭（一八七二—一八八五）〉兩文。

中國人安貧樂道的精神傳統在這裡迅速被拋棄。

中國人一向重義輕利、君子不言利的傳統觀念在這裡無人再願意恪守。

名分等級被僭越。

綱常禮儀被破壞。

於是節節升漲的黃泥地，使人如醉如痴的賽馬，開設賭場，發行彩票，吸毒成癮構成了「瘋狂交響曲」，這個交響曲的主旋樂始終是由代表資本主義勢力的財團和家族奏響的，然後再此伏彼起地刮起「舉國若狂」般的旋風。

7第七章　黃浦江畔的「歐風美雨」

這一章談的是以英美（實際上美雨壓倒歐風）傳教士為開路先鋒，在華辦教育，特別是高等教育，影響近代中國知識分子的情形。作者在這方面作了有趣的比較和深刻的觀察。與英國在華的軍事和經濟影響相比，他們在傳播西方文化方面的熱情遠遜於美國人，儘管他們的傳教士比美國人更早來到中國。英國佬重視的是控制中國的經濟命脈，從政治上左右中國當時的政權，對於文化傳播則不予重視，因為他們不想讓中國人學到西方的文明。英國傳教士多屬正統的「救靈派」，他們以傳教為唯一目標，寧願當苦行僧去苦口婆心地勸人信教，也不願去行醫辦學，多做善事。

相比之下，在上海的美國傳教士被稱為「自由派」。他們以學者、教育家、西學專家、西儒、報人、科學家、醫生、慈善家、時政評論家等入世的面目出現，他們講究實際，以美國人特有的熱情在上海灘上做起善事來。他們印書報、辦教育、開醫院，特別熱衷於創辦中等以上的新式學校。他們反對吸毒，不納妾，還曾辦過濟良所，將數百名妓女從妓院中解救出來，訓練他們烹飪、縫紉、手工、西式女紅等手藝，雖然其中不無虛偽矯飾的成分，但畢竟取得不少上海人的好感，為他們擴大傳教打開了方便之門。

美國人在上海辦了許多學院、書院、大學，美國式的教育制度有以下幾項特點：

(1)西學課程完備

開設的自然科學課程有數學、物理、化學、生物、天文、地理、地質等；開設的應用科學課程有生理解剖（開始叫全體學）、醫學、測量學、航海、礦學；開設的社會與人文科學課程有心理學（時名心靈學）、邏輯學（時名是非學）、哲學、世界歷史（時名萬國通鑒）、政治經濟學（時名富國策）、國際法（時名公法學），還有外文及翻譯等課程。這些課程基本上囊括了西學的各個領域，充分體現了近代教育的內容及其意義所在。

(2)重視實驗手段，配備科學儀器設施

美國傳教士搬來了美國學校教育的實驗手段及各類儀器設施，使這些學校的教育具有形象、生動、直觀的特點，更能加深學生的理解力和實際操作能力。一九一八年，聖約翰大學以十萬美金建造新科學館，內有化學、生物學和物理學三系的實驗部，配備最新儀器設備，在當時中國的科學研究機構中首屈一指。這些「洋器」既是宣傳西方科學成就的實體性示範，同時也為中國近現代科技人才的成長提供了良好環境。

(3)分齋、分館、分年級肄業，三級學制逐漸形成

這種從小學、中學到大學的三階段教學，比中國學塾眉毛鬍子一把抓，不分高低一起授課的教學，既合理又科學。

(4)提倡體育運動

這些學校最早在上海發起體育運動，且將體育列入正式課程，廣泛開展體育活動，舉辦學校運動會，組織各類體育比賽，既增強了學生的身體素質，又提高了體育運動水準。像上海聖約翰書院，從一八九〇年首次舉行運動會開始，每年都要舉辦春、秋二次運動會，學生參加十分踴躍；該校還成立了棒球隊、網球、足球、田徑等各項運動都頗有生氣。教會學校的體育活動對上海的直接影響是：以後凡是興辦新式學校，無不以體育為重要課程。

(5)提倡官話教學，提倡白話文

美國傳教士在傳教中深感不同方言在語言交流上的窒礙，因此積極提倡大家都說以北京語為基礎的標準官話。同樣，傳教士對字義艱澀的文言文也極為反感，故不遺餘力地提倡白話文，用

白話文出版了一些宗教宣傳的小冊子，學校中的宗教教科書、科學教科書等就是用白話文寫成的。這無疑推動了中國的語言文字改革（頁二三四—二三五）。

最後，作者還談到上海與留洋的關係和留學教育的情形。

上海是中國官派出國留學人員的發軔地。中國第一個留學機構「出洋局」（或作「總理動產出洋肄業滬局」）就設在上海，第一批官派的留學生也是從上海放洋的。一九二九年，中國留美學生達到一千九百餘名，其中大部分都是從上海出發的，上海人占有很大的比例。一九三三年，宋子文曾對美國的記者說：「我們政府現代閣員中一半以上是美國留學生」，其中大部分又是上海人，足見上海赴美留學生影響之大（頁二四二）。

這種美雨壓倒歐風，一切唯美國馬首是瞻，文化上獨沾一味沒有平衡輸灌的非正常發展，不獨於二十世紀初期的上海為然，即今日臺灣的情形更顯得變本加厲。

8 第八章　海上狂士與「文藝復興」

本章介紹了海上「三狂士」——蔣劍人、王韜、李善蘭，其他還有馮桂芬、鄭觀應、沈毓桂，甚至嚴復、鄒容、蔡元培等。蔣劍人自稱「大江南北無與抗者」，最為激進，編有《寰鏡》，考定地球四洲形勢，撰有《英志》，介紹英國「君民共主」的政治制度。天南遯叟王韜一生中最主要的兩部著作是——《弢園尺牘》與《弢園文錄外編》，他認為美國和法國式的民主政體，流弊不小，難合中國時宜，故比較推崇英國式的民主政體——君民共主。

這些狂士、文人經常出入青樓，有的甚至娶青樓女子為妻，他們與西儒來往密切，希望吸納新的文明，揚起民主、自由的旗幟，熱情宣傳人道主義、人性論，無疑是近代中國最早的一批啟蒙思想家。隨著動盪不安的時局，像潮水匆匆而來又匆匆退下一樣，上海一次又一次出現「文藝復興」的思潮。

9 第九章　「不夜城」之謎

上海這個位於長江口的不起眼的小縣城，憑什麼到了近代一躍而為世界聞名的大都會？又怎麼會具有如此頑強的生命力，在滿目瘡痍的中國土地上奇蹟般地繁榮起來？要回答這個巨大的歷史之謎，並不簡單。作者試著從上海經濟發展的軌跡，提出一些綜合性的看法。頗有畫龍點睛之妙！這一章，可以說也等於本書的結論。

首先，促成上海發展工業特別幸運的地方，是它擁有超廉價的勞動力。由於租界的作用加上近代戰亂頻仍，大批難民移入上海，使得上海有了充足的超廉價勞動力。

其次，它擁有得天獨厚的原料市場。全國廣袤的土地和豐富的物產都是她的資本。

除此之外，與中國其他地方相比，這裡政治上內向性束縛和封建專制較弱，經濟上封建官僚的超經濟掠奪亦相對較少，在洋人參與經濟活動的過程中，「自由貿易」、「自由經濟」原則已經在上海深入人心。

還有，上海善於吸收世界上的先進科學技術，用於上海工業的發展，這是造就上海繁榮的又一重要因素。

總之，在中外雜處的環境中，上海企業家和工人們面對的是世界上最先進的競爭對手，沒有非凡的勇氣和本領，是無法在這樣的環境中站住腳的。環境造就了人。上海的民族資本家在圖生存、求發展的殘酷環境中，練就了高超的智慧與本領，演出了一幕幕發展中國民族工業的偉大劇本。

10 第十章 中西交匯湧人才

「我勸天公重抖擻，不拘一格降人才」，這是龔自珍在《已亥雜詩》上的話。的確，開埠後的上海，學子雲集、人才輩出，尤其是涉及洋務的人才幾乎都是從上海湧現出來的。上海可以說是中國近代的人才大學，為這個城市，也為全國培養了一批又一批經濟、政治、外交、文化、教育等各個方面的近代新型人才。

中西人才在上海交匯，大抵可歸納以下幾點特色：

(1)名揚海內的上海人才群中，出自上海本地的卻不多，其中大部分人來自全國各地，因為上海在面向世界，拚命學習外國之長技、夷學的同時，也像一個強大的磁場強烈地吸引著全國各地的有志之士。他們利用上海的有利環境，學夷語、悉夷情、師夷技、仿夷制，迅速將自己造就成適應近代社會所需要的新人才。

(2)上海人的開明、求新、務實，吸引著各國的人才，使外籍人士樂於在上海興辦各種有益於社會進步的事業，如新式學堂、醫院、孤兒院、衛生及慈善事業等。

(3)上海的特殊地位，使她成為各類名人的朝聖之地；特別是領袖人物，如果不到上海來「朝拜」，就不足以引領全國。從洋務派、維新派、同盟會的重量級人物到國民黨和共產黨的領袖們，無一不到過上海，他們都曾在上海汲取過新思想的營養，並都在上海的政治舞臺上亮過相。稱得上「江山代有才人出，各領風騷數十年」。

(三)值得商榷之處

1 詳古略今，名實不符

據作者自序，「本書講的是一九四九年以前的上海」，但通觀全書十章，開宗明義時間的上限是明朝永樂元年（一四〇三），有時甚至上溯至三國或唐宋，下限偶而提到一九三二年的「一二八」淞滬抗戰（頁三二九），一九四七年的上海工廠數目（頁三〇七），大部分講的是開埠前後的上海，特別是集中在清末民初，尤其十九世紀後半佔了相當大的篇幅，所以談得較多的歷史事件是太平天國、馬關條約和義和團，所舉的人物多半是李鴻章、唐廷樞、徐潤、盛宣懷這些與西方接觸較多影響較大的新型人才。而於一九三〇年代以後則著墨甚少。所以透過本書，只能給人瞭解上海早期的近代化，而無法對上海掌握一個較有系統完整的變遷歷程。

2 缺乏注釋和引用書目

無疑的，作者為撰寫本書，當然參閱過不少有關上海的古今中外著作。本書的最大優點，在於它有如蜜蜂採蜜，或春蠶吐絲，字字珠璣，千錘百鍊。但問題是都沒有對來源加注。這或許是作者個人寫作的一種習慣，但也有可能他認為並無此必要，有時反而窒礙文氣的流暢。不管如何，它既涉及歷史，有許多史實和觀點或人口、產業等各項統計數字並非本人的意見，便仍須引證，以便閱讀者查考。在此僅舉二例，以為說明：

例之一，頁二〇，作者說：

> 有史料為證，上海人坐沙船到印度、東非的日子比歐洲人要早得多。還有跡象表明，上海人曾到過美洲，比哥倫布還要早好多年。加利福尼亞沿岸的錨具，以及上海人筆記口傳的紅人國，都提供了這方面的線索。

這些史料、跡象、線索是否科學、有根據、可靠？究竟出自那些上海人的筆記？這些筆記是道聽塗說，還是有很好的來源，我們很難判斷。作者不能一筆輕易帶過，讓讀者半信半疑，或如墜五里霧中！

例之二，頁二二八，作者引美國史家丹特涅的話，比較英美兩國人對中國人態度的不同，這樣說：

英國人曾經從印度帶來一種政策，其中一點就是不讓中國人得到西方世界的那些利益，以便使他們不能和外國人平等相處。美國人從早的時候起，就沒有預聞過這樣一種政策。

丹特涅是誰？是否為Tayler Dennett的譯音？如果是，引文可能出自大家所熟知的*Americans in Eastern Asia, a critical study of the policy of the United States with reference to China, Japan and Korea in the 19th Century* (New York, 1922)一書。如果作者多著墨幾句，便不會讓讀者費猜疑了。而更重要的是，當讀者覺得這段引文有問題的時候，便可以找原書來查證，以獲得問題的解決，這應該是一個負責任的作者應有的作法。

至於不列徵引著作目錄，是大陸學術界相當普遍的一種作法，聽說也是一般出版社精打細算，為降低成本的要求。但本書是在臺灣印刷，由久大文化公司出版，應不在此限。對這一點，筆者在評張仲禮主編的《近代上海城市研究》一書時已經說過，個人對此無法堅持，也並不堅持。

書眉左首印有本書書名，右首有章名，倒合乎規格，這一點比大陸一般出版品有改進。

3 若干技術性的瑕疵

對於一本通俗性的讀物，喜歡以小說筆法來表現，我們不可能要求它處處中規中矩，合乎嚴謹的學術行規，但有幾點技術性問題，如果稍加改進，將可使其更為完美。茲舉例說明如下：

(1)除章名外，表格的使用也應該有目錄、有編號，甚至注明來源出處，全書所使用表格不多，共有四個，分置在頁三六、頁三九、頁六五及頁二八七，不但未見之於目錄，也未編號，更未注明出處。

(2)本末不應倒置。第八章提到海上「三狂士」——蔣劍人、王韜、李善蘭三人，事實上這一章只介紹蔣、王兩人行徑所以夠得上稱「狂」的地方，卻隻字未提李善蘭，一直到第十章「中西交匯湧人才」才提到李善蘭是海寧人，在一八五五年之前只是擅長中國古典數學，到上海後，才接觸到世界上最新的研究結果。他刻苦學習，終於一躍而為中西結合的數學權威。事實上，李善蘭（字壬叔，號秋紉）與王韜（字紫詮）、蔣敦復（劍人），均係富有才氣之學者，以未獲功名而浪跡滬上，彼此交往甚密，或煮酒縱談，或藉詩酒排遣愁緒，時人稱之曰「海天三友」，並結識西人，成為清季中西文化交流之先驅[4]。

(3)張冠李戴

頁八九，作者提到「洋商抱著發大財的希望來到中國，來到上海，發了財之後就遠走高飛。至於上海是否隨之被洪水淹沒或大火毀掉，都與我無關」。然後作者加上一句按語說：

這些人是路易十五的信徒，「我死後不管洪水滔滔」是他們的座右銘。

按「我死後，不管洪水滔滔」，法文原句為"Après moi, le déluge"，應是語出連年征戰，好大喜功，搞得民窮財盡的路易十四大帝（在位一六四三－一七一五）而非路易十五（在位一七一五－一七七四），雖然只是前後君王之別，但卻是曾祖父與曾孫之不同（路易十四為路易十五之曾祖父），相差不可以道里計❺。

(4)譯名的商榷

---

❹ 王萍，《西方曆算學之輸入》（中央研究院近代史研究所專刊(17)，民國五十五年八月初版），頁一五九。

❺ 一說為路易十五的情婦。參閱威爾·杜蘭夫婦合著，《伏爾泰時代的歐陸》（世界文明史(28)，臺北幼獅翻譯中心編譯），頁四五。有關路易十四的全盛時期，亦請參閱同系列(24)《路易十四與法國》一書。至有關研究路易十四的成果很多，請參閱陳三井、黃德宗合譯，〈評介有關路易十四的研究成果〉，上及下，（臺北，《新知雜誌》，第四年五、六兩期，民國六十三年十月一日與十二月一日出版。）

大陸學者寫書、譯書的習慣，經常不附外國人的原名，不知是與中國人的「民族尊嚴」有關，抑是為求節省本文的篇幅？例如一部《顧維鈞回憶錄》共十二分冊❻，卻不直接把外國人的原名附於譯名之後，以便利查考，卻寧願再增出一冊（十三分冊），加上人名索引、外國人姓名英漢對照表，增加查閱的困難。本書也有同樣的缺陷，當提到外人的名字和公司時，除偶而附原文外，大多沒有考慮到讀者查考的便利。

此外，有些譯名，也顯出作者對歷史事件的無知和對西方漢學研究情形的陌生。茲舉例如下：

頁五三，道光二十二年（一八四二）中英簽訂南京條約的英艦，作者一再提及的是「漢華麗」，不知何所據？事實上一般教科書早就譯成「康華麗」(Cornwallis)或「皐華麗」。

頁四一，作者提到一位曾研究上海善堂與會館的美國學者馬克·艾爾文(Mark Elvin)。這裡有二點需加訂正。第一，這位學者有很好聽的中文名字叫伊懋可，而非直譯的馬克·艾爾文。第二，他的籍貫是澳大利亞，目前執教於澳洲國立大學，係英國劍橋大學博士，主修歐洲及中國歷史。

頁三三一，作者提到，上海風琴師製作了一架管風琴，贈給法國皇帝拿破崙第三與歐也妮皇后。拿破崙第三是派兵參與第二次英法聯軍，焚燒圓明園，最後訂立天津條約的皇帝，其后名叫

---

❻《顧維鈞回憶錄》全套十三分冊，係由大陸中華書局出版（一九八三—一九九四），掛名翻譯的是中國社會科學院近代史研究所。其實，全書超過六百萬字，參加翻譯校訂工作者先後多達六十餘人，與近代史研究所關係不大。

Eugenie，出身西班牙的Grenada，全名是Eugenia Maria de Montijo de Guzman。作者的譯音顯然並不十分正確。

(5)錯別字仍不免

校對是很需要專心和耐心的辛苦事，這應屬於出版社的專責，與作者較無關係。但一本書很容易找出一般性的錯別字，總是不夠謹嚴而且有損光彩的事。在此順手舉幾個例，並列出對照表較為清楚。

頁	行	誤	正
一八〇	一八	輪船商	輪船商
二三五	五	聖經翰大學	聖約翰大學
二四六	三	麥都恩	麥都思

(四)對本書的評價

歷史有其經世致用的一面，歷史應與其他若干人文社會科學學門一樣，走入社會，與時代結合，這是大家可以理解並接受的事實。從這個觀點看，本書能以歷史為背景，搜集大量素材，評古論今或以古鑑今，以社會大眾為對象，提供了「歷史走入社會」，激發大眾興趣的一個範本。

歷史可以走入社會，與時代的脈動相結合，但歷史學應有其客觀超然的立場，不應純為政治服務。本書的立論新穎有見地，除了偶而讓人感受到民族主義的立場濃得化不開外，大致已能擺脫過去充滿教條和意識型態的大框架，這是相當難能可貴的！

作者之一的于醒民是山東人，生於抗戰時期的四川，一生中最好的時光在上海度過，從小喜讀史書，感染到課堂上「熱情迸發，聲淚俱下」的讀書聲，所以立志治史。他在華東師大歷史系碩士班進修過，專攻洋務運動史，稱得上科班出身。

本書是一種「大歷史」的宏觀寫法，作者文筆生動，揮灑自如，隨意發揮，抒發許多前人所未發之創見，也有若干不能自圓其說，值得再進一步推敲討論之見解。

做為一本智識性、通俗化的書籍，它是有貢獻，並值得一讀的。但從嚴謹的學術角度看，它仍有欠缺不足的地方，這一點或許並不是作者所追求或在意的，所以並不影響它的價值！

（原載〈中國現代史書評選輯㈤〉，民國八十四年十二月）

滄海叢刊書目（二）

國學類

先秦諸子繫年　錢　穆　著
朱子學提綱　錢　穆　著
莊子纂箋　錢　穆　著
論語新解　錢　穆　著
周官之成書及其反映的文化與時代新考　金春峰　著
尚書學述（上）、（下）　李振興　著
周易縱橫談　黃慶萱　著
考證與反思
——從《周官》到魯迅　陳勝長　著

哲學類

哲學十大問題　鄔昆如　著
哲學淺論　張　康　譯
哲學智慧的尋求　何秀煌　著
哲學的智慧與歷史的聰明　何秀煌　著
文化、哲學與方法　何秀煌　著
人性記號與文明
——語言·邏輯與記號世界　何秀煌　著
邏輯與設基法　劉福增　著
知識·邏輯·科學哲學　林正弘　著
現代藝術哲學　孫　旗　譯
現代美學及其他　趙天儀　著
中國現代化的哲學省思
——「傳統」與「現代」理性結合　成中英　著
不以規矩不能成方圓　劉君燦　著
恕道與大同　張起鈞　著
現代存在思想家　項退結　著
中國思想通俗講話　錢　穆　著
中國哲學史話　吳怡、張起鈞　著
中國百位哲學家　黎建球　著
中國人的路　項退結　著

書名	作者
中國哲學之路	項退結 著
中國人性論	臺大哲學系主編
中國管理哲學	曾仕強 著
孔子學說探微	林義正 著
心學的現代詮釋	姜允明 著
中庸誠的哲學	吳怡 著
中庸形上思想	高柏園 著
儒學的常與變	蔡仁厚 著
智慧的老子	張起鈞 著
老子的哲學	王邦雄 著
當代西方哲學與方法論	臺大哲學系主編
人性尊嚴的存在背景	項退結編著
理解的命運	殷鼎 著
馬克斯・謝勒三論	阿弗德・休慈原著、江日新 譯
懷海德哲學	楊士毅 著
海德格與胡塞爾現象學	張燦輝 著
洛克悟性哲學	蔡信安 著
伽利略・波柏・科學說明	林正弘 著
儒家與現代中國	韋政通 著
思想的貧困	韋政通 著
近代思想史散論	龔鵬程 著
魏晉清談	唐翼明 著
中國哲學的生命和方法	吳怡 著
孟學的現代意義	王支洪 著
孟學思想史論（卷一）	黃俊傑 著
莊老通辨	錢穆 著
墨家哲學	蔡仁厚 著
柏拉圖三論	程石泉 著
倫理學釋論	陳特 著
儒道論述	吳光 著
新一元論	呂佛庭 著

宗教類

書名	作者
佛教思想發展史論	楊惠南 著
佛教思想的傳承與發展——印順導師九秩華誕祝壽文集	釋恆清主編

佛經成立史	水野弘元著、劉欣如譯
圓滿生命的實現（布施波羅密）	陳柏達 著
薝蔔林・外集	陳慧劍 著
維摩詰經今譯	陳慧劍譯註
龍樹與中觀哲學	楊惠南 著
公案禪語	吳怡 著
禪學講話	芝峰法師譯
禪骨詩心集	巴壺天 著
中國禪宗史	關世謙 著
魏晉南北朝時期的道教	湯一介 著
佛學論著	周中一 著
當代佛教思想展望	楊惠南 著
臺灣佛教文化的新動向	江燦騰 著
釋迦牟尼與原始佛教	于凌波 著
唯識學綱要	于凌波 著
從印度佛教到中國佛教	冉雲華 著
中印佛學泛論 ——傅偉勳六十大壽祝壽論文	藍吉富主編
禪史與禪思	楊惠南 著

社會科學類

中華文化十二講	錢穆 著
民族與文化	錢穆 著
楚文化研究	文崇一 著
中國古文化	文崇一 著
社會、文化和知識分子	葉啟政 著
儒學傳統與文化創新	黃俊傑 著
歷史轉捩點上的反思	韋政通 著
中國人的價值觀	文崇一 著
奉天承運 ——古代中國的「國家」概念及其正當性基礎	王健文 著
紅樓夢與中國舊家庭	薩孟武 著
社會學與中國研究	蔡文輝 著
比較社會學	蔡文輝 著
我國社會的變遷與發展	朱岑樓主編
三十年來我國人文社會科學之回顧與展望	賴澤涵 編

社會學的滋味　蕭新煌 著
臺灣的國家與社會　徐正光、蕭新煌主編
臺灣的社區權力結構　文崇一 著
臺灣居民的休閒生活　文崇一 著
臺灣的工業化與社會變遷　文崇一 著
臺灣社會的變遷與秩序（政治篇）（社會文化篇）　文崇一 著
鄉村發展的理論與實際　蔡宏進 著
臺灣的社會發展　席汝楫 著
透視大陸　政治大學新聞研究所主編
寬容之路
——政黨政治論集　謝延庚 著
憲法論衡　荊知仁 著
周禮的政治思想　周世輔、周文湘 著
儒家政論衍義　薩孟武 著
制度化的社會邏輯　葉啟政 著
臺灣社會的人文迷思　葉啟政 著
臺灣與美國的社會問題　蔡文輝、蕭新煌主編
自由憲政與民主轉型　周陽山 著
蘇東巨變與兩岸互動　周陽山 著
教育叢談　上官業佑 著
不疑不懼　王洪鈞 著
戰後臺灣的教育與思想　黃俊傑 著
太極拳的科學觀　馬承九編著
兩極化與分寸感
——近代中國精英思潮的病態心理分析　劉笑敢 著
唐人書法與文化　王元軍 著
C 理論——易經管理哲學　成中英 著

史地類

國史新論　錢穆 著
秦漢史　錢穆 著
秦漢史論稿　邢義田 著
宋史論集　陳學霖 著
宋代科舉　賈志揚 著
中國人的故事　夏雨人 著
明朝酒文化　王春瑜 著

書名	作者	
劉伯溫與哪吒城——北京建城的傳說	陳學霖	著
歷史圈外	朱桂	著
歷史的兩個境界	杜維運	著
近代中國變局下的上海	陳三井	著
當代佛門人物	陳慧劍	編著
弘一大師傳	陳慧劍	著
杜魚庵學佛荒史	陳慧劍	著
蘇曼殊大師新傳	劉心皇	著
近代中國人物漫譚	王覺源	著
近代中國人物漫譚續集	王覺源	著
魯迅這個人	劉心皇	著
沈從文傳	凌宇	著
三十年代作家論	姜穆	著
三十年代作家論續集	姜穆	著
當代臺灣作家論	何欣	著
史學圈裏四十年	李雲漢	著
師友風義	鄭彥棻	著
見賢集	鄭彥棻	著
思齊集	鄭彥棻	著
懷聖集	鄭彥棻	著
憶夢錄	呂佛庭	著
古傑英風——歷史傳記文學集	萬登學	著
走向世界的挫折——郭嵩燾與道咸同光時代	汪榮祖	著
周世輔回憶錄	周世輔	著
三生有幸	吳相湘	著
孤兒心影錄	張國柱	著
我這半生	毛振翔	著
我是依然苦鬥人	毛振翔	著
八十憶雙親、師友雜憶（合刊）	錢穆	著
烏啼鳳鳴有餘聲	陶百川	著

語文類

書名	作者	
標點符號研究	楊遠	著

訓詁通論　吳孟復 著
入聲字箋論　陳慧劍 著
翻譯偶語　黃文範 著
翻譯新語　黃文範 著
翻譯散論　張振玉 著
中文排列方式析論　司　琦 著
杜詩品評　楊慧傑 著
詩中的李白　楊慧傑 著
寒山子研究　陳慧劍 著
司空圖新論　王潤華 著
詩情與幽境
——唐代文人的園林生活　侯迺慧 著
歐陽修詩本義研究　裴普賢 著
品詩吟詩　邱燮友 著
談詩錄　方祖燊 著
情趣詩話　楊光治 著
歌鼓湘靈
——楚詩詞藝術欣賞　李元洛 著
中國文學鑑賞舉隅　黃慶萱、許家鶯 著
中國文學縱橫論　黃維樑 著
漢賦史論　簡宗梧 著
古典今論　唐翼明 著
亭林詩考索　潘重規 著
浮士德研究　李辰冬 譯
十八世紀英國文學
——諷刺詩與小說　宋美瑛 著
蘇忍尼辛選集　劉安雲 譯
文學欣賞的靈魂　劉述先 著
小說創作論　羅　盤 著
小說結構　方祖燊 著
借鏡與類比　何冠驥 著
情愛與文學　周伯乃 著
鏡花水月　陳國球 著
文學因緣　鄭樹森 著
解構批評論集　廖炳惠 著
細讀現代小說　張素貞 著

續讀現代小說	張素貞 著
現代詩學	蕭　蕭 著
詩美學	李元洛 著
詩人之燈 ——詩的欣賞與評論	羅　青 著
詩學析論	張春榮 著
修辭散步	張春榮 著
修辭行旅	張春榮 著
橫看成嶺側成峰	文曉村 著
大陸文藝新探	周玉山 著
大陸文藝論衡	周玉山 著
大陸當代文學掃描	葉穉英 著
走出傷痕 ——大陸新時期小說探論	張子樟 著
大陸新時期小說論	張　放 著
大陸新時期文學（1977～1989） ——理論與批評	唐翼明 著
兒童文學	葉詠琍 著
兒童成長與文學	葉詠琍 著
累廬聲氣集	姜超嶽 著
林下生涯	姜超嶽 著
青　春	葉蟬貞 著
牧場的情思	張媛媛 著
萍踪憶語	賴景瑚 著
現實的探索	陳銘磻 編
一縷新綠	柴　扉 著
金排附	鍾延豪 著
放　鷹	吳錦發 著
黃巢殺人八百萬	宋澤萊 著
泥土的香味	彭瑞金 著
燈下燈	蕭　蕭 著
陽關千唱	陳　煌 著
種　籽	向　陽 著
無緣廟	陳艷秋 著
鄉　事	林清玄 著
余忠雄的春天	鍾鐵民 著

吳煦斌小說集	吳煦斌 著
卡薩爾斯之琴	葉石濤 著
青囊夜燈	許振江 著
我永遠年輕	唐文標 著
思想起	陌上塵 著
心酸記	李喬 著
孤獨園	林蒼鬱 著
離　訣	林蒼鬱 著
托塔少年	林文欽 編
北美情逅	卜貴美 著
日本歷史之旅	李希聖 著
孤寂中的迴響	洛夫 著
火天使	趙衛民 著
無塵的鏡子	張默 著
關心茶——中國哲學的心	吳怡 著
放眼天下	陳新雄 著
生活健康	卜鍾元 著
文化的春天	王保雲 著
思光詩選	勞思光 著
靜思手札	黑野 著
狡兔歲月	黃和英 著
老樹春深更著花	畢璞 著
列寧格勒十日記	潘重規 著
文學與歷史——胡秋原選集第一卷	胡秋原 著
晚學齋文集	黃錦鋐 著
天山明月集	童山 著
古代文學精華	郭丹 著
山水的約定	葉維廉 著
明天的太陽	許文廷 著
在天願作比翼鳥——歷代文人愛情詩詞曲三百首	李元洛 輯注
千葉紅芙蓉——歷代民間愛情詩詞曲三百首	李元洛 輯注
鳴酬叢談	李飛鵬 編纂

秩序的探索 ——當代文學論述的省察	周慶華 著
樹人存稿	馬哲儒 著

美術類

音樂與我	趙琴 著
爐邊閒話	李抱忱 著
琴臺碎語	黃友棣 著
音樂隨筆	趙琴 著
樂林蓽露	黃友棣 著
樂谷鳴泉	黃友棣 著
樂韻飄香	黃友棣 著
樂海無涯	黃友棣 著
弘一大師歌曲集	錢仁康 著
立體造型基本設計	張長傑 著
工藝材料	李鈞棫 著
裝飾工藝	張長傑 著
人體工學與安全	劉其偉 著
現代工藝概論	張長傑 著
藤竹工	張長傑 著
石膏工藝	李鈞棫 著
色彩基礎	何耀宗 著
當代藝術采風	王保雲 著
都市計劃概論	王紀鯤 著
建築設計方法	陳政雄 著
古典與象徵的界限 ——象徵主義畫家莫侯及其詩人寓意畫	李明明 著
民俗畫集	吳廷標 著